"十二五"职业教育国家级规划教材
经全国职业教育教材审定委员会审定

品牌服装产品规划
（第2版）

谭国亮　主编
陈丹　李罗娉　副主编

国家一级出版社　　中国纺织出版社　　全国百佳图书出版单位

内 容 提 要

本书立足于品牌，重点介绍了品牌格局中产品体系的结构关系和研发流程，对品牌服装产品开发调研、品牌定位、主题设计、寻找设计元素、拟定产品架构、系列款式设计、品牌推广进行了详细介绍。书中附有实操指南，大量的图表具有很好的参考价值，是设计管理者和设计师随时可以翻阅参考的工具手册。

本书既可作为服装院校专业教材或参考书，也可作为服装设计总监（主管）、服装设计师和其他相关从业人员的技术参考书。

图书在版编目(CIP)数据

品牌服装产品规划 / 谭国亮主编 . --2 版 . -- 北京：中国纺织出版社，2017.12

"十二五"职业教育国家级规划教材

ISBN 978-7-5180-4204-3

Ⅰ.①品… Ⅱ.①谭… Ⅲ.①服装工业—工业企业管理—产品开发—高等职业教育—教材 Ⅳ.① F407.866

中国版本图书馆 CIP 数据核字（2017）第 262530 号

策划编辑：陈静杰　　责任编辑：孙成成　　责任校对：楼旭红
责任设计：何　建　　责任印制：王艳丽

中国纺织出版社出版发行
地址：北京市朝阳区百子湾东里A407号楼　邮政编码：100124
销售电话：010—67004422　传真：010—87155801
http://www.c-textilep.com
E-mail：faxing@c-textilep.com
中国纺织出版社天猫旗舰店
官方微博 http://weibo.com/2119887771
北京玺诚印务有限公司印刷　各地新华书店经销
2007年7月第1版　2017年12月第2版第6次印刷
开本：787×1092　1/16　印张：13.25
字数：196千字　定价：49.80元

凡购本书，如有缺页、倒页、脱页，由本社图书营销中心调换

出版者的话

百年大计，教育为本。教育是民族振兴、社会进步的基石，是提高国民素质、促进人的全面发展的根本途径，寄托着亿万家庭对美好生活的期盼。强国必先强教。优先发展教育、提高教育现代化水平，对实现全面建设小康社会奋斗目标、建设富强民主文明和谐的社会主义现代化国家具有决定性意义。教材建设作为教学的重要组成部分，如何适应新形势下我国教学改革要求，与时俱进，编写出高质量的教材，在人才培养中发挥作用，成为院校和出版人共同努力的目标。2012年11月，教育部颁发了教职成司函［2012］237号文件《关于开展"十二五"职业教育国家规划教材选题立项工作的通知》（以下简称《通知》），明确指出我国"十二五"职业教育教材立项要体现锤炼精品，突出重点，强化衔接，产教结合，体现标准和创新形式的原则。《通知》指出全国职业教育教材审定委员会负责教材审定，审定通过并经教育部审核批准的立项教材，作为"十二五"职业教育国家规划教材发布。

2014年6月，根据《教育部关于"十二五"职业教育教材建设的若干意见》（教职成［2012］9号）和《关于开展"十二五"职业教育国家规划教材选题立项工作的通知》（教职成司函［2012］237号）要求，经出版单位申报，专家会议评审立项，组织编写（修订）和专家会议审定，全国共有4742种教材拟入选第一批"十二五"职业教育国家规划教材书目，我社共有47种教材被纳入"十二五"职业教育国家规划。为在"十二五"期间切实做好教材出版工作，我社主动进行了教材创新型模式的深入策划，力求使教材出版与教学改革和课程建设发展相适应，充分体现教材的适用性、科学性、系统性和新颖性，使教材内容具有以下几个特点：

（1）坚持一个目标——服务人才培养。"十二五"职业教育教材建设，要坚持育人为本，充分发挥教材在提高人才培养质量中的基础性作用，充分体现我国改革开放30多年来经济、政治、文化、社会、科技等方面取得的成就，适应不同类型高等学校需要和不同教学对象需要，编写推介一大批符合教育规律和人才成长规律的具有科学性、先进性、适用性的优秀教材，进一步完善具有中国特色的普通高等教育本科教材体系。

（2）围绕一个核心——提高教材质量。根据教育规律和课程设置特点，从提高学生分析问题、解决问题的能力入手，教材附有课程设置指导，并于章首介绍本章知识点、重点、难点及专业技能，增加相关学科的最新研究理论、研究热点或历史背景，章后附形式多样的习题等，提高教材的可读性，增加学生学习兴趣和自学能力，提升学生科技素养和人文素养。

（3）突出一个环节——内容实践环节。教材出版突出应用性学科的特点，注重理论与生产实践的结合，有针对性地设置教材内容，增加实践、实验内容。

（4）实现一个立体——多元化教材建设。鼓励编写、出版适应不同类型高等学校教学需要的不同风格和特色教材；积极推进高等学校与行业合作编写实践教材；鼓励编写、出版不同载体和不同形式的教材，包括纸质教材和数字化教材，授课型教材和辅助型教材；鼓励开发中外文双语教材、汉语与少数民族语言双语教材；探索与国外或境外合作编写或改编优秀教材。

教材出版是教育发展中的重要组成部分，为出版高质量的教材，出版社严格甄选作者，组织专家评审，并对出版全过程进行过程跟踪，及时了解教材编写进度、编写质量，力求做到作者权威，编辑专业，审读严格，精品出版。我们愿与院校一起，共同探讨、完善教材出版，不断推出精品教材，以适应我国职业教育的发展要求。

中国纺织出版社
教材出版中心

第2版前言

  《品牌服装产品规划》自2007年以服装设计师通行职场书系出版以来，受到了服装专业师生的广泛好评，对服装企业管理产生了积极影响，对培养服装专业设计管理人才起到了一定的促进作用。随着服装市场的升级，企业竞争不断加剧，新的设计管理方法和理念也在不断更新，本书第1版的内容已略显陈旧。为了满足当前的教学需要，我们对此书进行了修改和补充，力争使教材的内容新、知识涵盖面广，进而更好地培养学生的能力。

  本书在《品牌服装产品规划》第1版的基础之上增加了第二章"品牌定位"的内容，站在品牌战略的角度分析服装产品规划的前期工作，使本教材的视野更加开阔；增加了第六章"产品核心图案"，结合本学科的前沿发展，引入了"产品图案识别"的概念，使本教材的内容更具学术前沿性；第七章"设计评价、筛选与反思"独立成章，对工业产品进行量化科学评估，使本教材的内容更具学术探讨性；增加了第八章"服装产品订货会"，讲述了产品最终展示和促销的重要方式，让学生了解订货会流程，引导学生进行订货和制作订货指导手册。这样既符合服装产品规划的实际流程，也为学生提供了更为完整的学习内容。另外，笔者对本书的插页及彩页做了部分更替，使本书更具可操作性。

  本书在编写的过程中，得到了中国纺织出版社诸位编辑和服装企业的帮助。他们为本次修订工作提供了专业信息和案例，在此一并表示感谢，希望本教材修订后能受到广大读者的喜欢，不足之处也恳请读者给予指正。

谭国亮
2017年2月8日

第1版前言

整体季度产品规划工作对服装企业来说越来越重要，激烈的市场竞争使服装企业不能靠单一的产品或散乱的产品取胜，经过整体规划的季度新产品，其丰富有序的色彩、面料、款式组合搭配在一起，才能形成强大的市场竞争力，吸引消费者。目前国内已出版的书籍中，对整体季度产品规划进行详细介绍和分析的内容很少。针对这一状况，我们总结了多年的服装产品规划实战经验，借鉴了著名品牌产品规划的方法，对品牌服装产品规划流程和方法进行了提炼和整合，既注重理论性，又重视操作性和实用性，对各个环节既有理性的分析，又有直观的图例，向读者呈现一本兼具理性和感性的设计管理类书籍——《品牌服装产品规划》。

服装产品规划工作是一种在混乱中建立秩序的工作，由于其内容庞杂、时间紧迫，必须由分工明确的高效率的设计团队完成。本书在第一章中详细介绍了设计团队的职责与分工，对每个层级进行了职务分析，包括职能描述和职务资格要求分析。这是总结了多年的服装设计管理工作经验而得来的，不同于一般的人力资源管理理论，具有较强的行业特性。

为有利于读者对本书的理解，各章节中附有著名品牌或时装大师的案例，图文并茂，深入浅出。书后附有实战案例，颇为宝贵，也是本书的一大特色。它展示了产品规划实战中的很多细节，包括直观的市场分析图表、时尚的视觉表达、详细的比例数字、实用的款式细节和图案设计、完整的VI系统等。

本书由谭国亮主编，副主编为陈丹、李罗娉，参编者还包括：郝丽、曹维、彭梅、闫艳、杨翠玉、李立文。

本书的编写历时两年，在有限的编写时间中，难以达到尽善尽美，且服装行业日新月异，时尚潮流瞬息万变，书中所提供的专业信息和案例分析都会受到时间和时代的局限，难免会有偏颇和欠缺之处，恳请广大读者给予指正。

谭国亮
2007年5月

教学内容及课时安排

章	节	教学内容	理论教学	实践教学
第一章 服装产品规划的职能	一	概述	4学时	
	二	服装产品规划的职业发展		
	三	服装产品规划职务分析		
	四	服装产品规划流程		
第二章 品牌调研和定位	一	服装市场调研	6学时	6学时
	二	品牌定位		
	三	产品定位		
第三章 灵感与主题	一	流行元素搜集	4学时	
	二	流行预测		
	三	灵感来源		
	四	主题设计		
	五	设计元素		
第四章 产品架构	一	开发时间计划	4学时	8学时
	二	产品上市计划		
	三	色彩架构		
	四	产品架构		
	五	面料架构		
第五章 系列设计	一	系列设计概述	4学时	
	二	系列色彩设计		
	三	系列面辅料搭配		
	四	系列款式设计		
	五	系列图案设计		
	六	系列服饰配件设计		
第六章 产品核心图案	一	产品核心图案	2学时	4学时
	二	核心图案的拓展运用		

章	节	教学内容	理论教学	实践教学
第七章 设计评价、 筛选与反思	一	设计评价	4学时	
	二	设计筛选		
	三	设计反思		
第八章 服装产品订 货会	一	流程制定	4学时	4学时
	二	引导订货		
	三	订货指导手册		
第九章 产品推广	一	如何进行产品推广	2学时	
	二	企业形象识别系统		
第十章 案例：休闲 服装品牌 ——活力女孩	一	关于品牌	4学时	
	二	产品架构		
	三	主题设计		
	四	系列款式设计		
	五	系列图案设计		
	六	面料运用		
	七	局部设计元素		
	八	辅料选择		
	九	服饰配件设计		
	十	品牌VI设计（产品包装推广部分）		

注　各校可根据实际情况对教学内容和课时数进行调整。

目录

第一章　服装产品规划的职能 …… 001
第一节　概述 …… 001
　一、什么是服装产品 …… 001
　二、什么是服装产品规划 …… 003
第二节　服装产品规划的职业发展 …… 003
第三节　服装产品规划职务分析 …… 005
　一、企业家：对设计的战略管理 …… 006
　二、设计总监 …… 007
　三、设计部经理 …… 009
　四、设计主管 …… 010
　五、设计师 …… 011
　六、设计助理 …… 011
　七、试衣模特 …… 013
　八、设计部文员 …… 013
　九、职务分工结构 …… 013
第四节　服装产品规划流程 …… 014
　一、服装产品规划流程 …… 014
　二、服装产品规划流程中各部门的职能 …… 016

第二章　品牌调研和定位 …… 018
第一节　服装市场调研 …… 019
　一、服装市场调研的内容 …… 019
　二、服装市场调研的步骤 …… 021
　三、服装市场调研的方法 …… 021
　四、服装市场调研报告的撰写 …… 022
第二节　品牌定位 …… 023
　一、品牌定位的定义 …… 023
　二、品牌定位的方法 …… 024
　三、品牌定位的工具——SWOT …… 026

第三节　产品定位 ··· 031
　　一、目标消费者的定位 ·· 031
　　二、服务的定位 ·· 034
　　三、产品类型的定位 ·· 035
　　四、产品设计风格的定位 ··· 035
　　五、产品产销方式的定位 ··· 040
　　六、产品工艺品质的定位 ··· 040
　　七、产品规格的定位 ·· 041

第三章　灵感与主题 ··· 042
第一节　流行元素搜集 ·· 042
　　一、获取流行元素的渠道 ··· 043
　　二、对流行元素的应用 ·· 044
第二节　流行预测 ·· 045
　　一、服装流行预测的概念 ··· 046
　　二、流行预测的类型 ·· 046
　　三、流行预测报告 ··· 047
第三节　灵感来源 ·· 051
　　一、何谓灵感 ··· 051
　　二、灵感与设计行业 ·· 052
　　三、寻找灵感 ··· 052
　　四、寻找属于品牌的特定灵感 ··· 054
　　五、固定灵感 ··· 056
第四节　主题设计 ·· 056
　　一、何谓主题 ··· 056
　　二、主题概念板的内容 ·· 058
　　三、主题设计的过程 ·· 058
第五节　设计元素 ·· 064
　　一、设计元素概述 ··· 064
　　二、设计元素的来源 ·· 066
　　三、设计元素的应用 ·· 066

第四章　产品架构 ·· 070
第一节　开发时间计划 ·· 071
　　一、开发时间计划的内容 ··· 071

二、开发时间计划的制订原则 …………………………………………… 071
　　三、开发时间计划的方式 ………………………………………………… 072
第二节　产品上市计划 ………………………………………………………… 073
　　一、产品上市计划的内容 ………………………………………………… 073
　　二、产品上市计划对设计的要求 ………………………………………… 074
第三节　色彩架构 ……………………………………………………………… 075
　　一、色彩架构的含义 ……………………………………………………… 075
　　二、色彩架构的制定原则 ………………………………………………… 076
　　三、色彩架构表的内容 …………………………………………………… 080
第四节　产品架构 ……………………………………………………………… 082
　　一、产品架构的含义 ……………………………………………………… 082
　　二、产品架构的制定原则 ………………………………………………… 082
　　三、产品架构的内容 ……………………………………………………… 084
第五节　面料架构 ……………………………………………………………… 089
　　一、面料架构的含义 ……………………………………………………… 089
　　二、面料架构的制定原则 ………………………………………………… 089
　　三、面料架构表的内容 …………………………………………………… 091

第五章　系列设计 …………………………………………………………… 093
第一节　系列设计概述 ………………………………………………………… 093
　　一、系列设计的分类 ……………………………………………………… 093
　　二、系列设计的原则 ……………………………………………………… 096
第二节　系列色彩设计 ………………………………………………………… 097
　　一、系列色彩设计的含义 ………………………………………………… 097
　　二、系列色彩设计的内容 ………………………………………………… 098
第三节　系列面辅料搭配 ……………………………………………………… 099
　　一、系列面料搭配的原则 ………………………………………………… 099
　　二、系列辅料搭配的原则 ………………………………………………… 100
第四节　系列款式设计 ………………………………………………………… 101
　　一、系列款式设计的原则 ………………………………………………… 101
　　二、服装外轮廓设计 ……………………………………………………… 103
　　三、服装内结构设计 ……………………………………………………… 104
　　四、服装细部设计 ………………………………………………………… 104
第五节　系列图案设计 ………………………………………………………… 105
　　一、系列图案设计的含义 ………………………………………………… 105

二、系列图案设计的原则 ·············· 105
第六节　系列服饰配件设计 ················ 107
　　一、系列服饰配件设计的含义 ·········· 107
　　二、系列服饰配件设计的原则 ·········· 107

第六章　产品核心图案 ·············· 110
第一节　产品核心图案的概念 ·············· 110
第二节　核心图案的拓展运用 ·············· 112
　　一、变形 ···························· 112
　　二、局部运用 ························ 113
　　三、添加 ···························· 113
　　四、分解 ···························· 114
　　五、借喻 ···························· 115

第七章　设计评价、筛选与反思 ········ 116
第一节　设计评价 ························ 116
　　一、设计评价产生的环节 ·············· 116
　　二、设计评价的对象 ·················· 118
　　三、设计评价的标准 ·················· 118
第二节　设计筛选 ························ 121
　　一、设计图稿的筛选 ·················· 121
　　二、设计成品的筛选 ·················· 121
　　三、订货会上的产品筛选 ·············· 122
　　四、零售商品的筛选 ·················· 122
第三节　设计反思 ························ 122

第八章　服装产品订货会 ·············· 124
第一节　流程制定 ························ 124
　　一、服装产品的订货会的价值 ·········· 124
　　二、制定订货会流程 ·················· 125
第二节　引导订货 ························ 127
　　一、订货会的准备工作 ················ 128
　　二、订货流程的设置 ·················· 130
第三节　订货指导手册 ···················· 131
　　一、订货指导手册的作用 ·············· 131

二、订货指导手册的内容与格式 ··· 132

第九章　产品推广 ··· 136
第一节　如何进行产品推广 ·· 137
　　一、产品推广的目标市场 ··· 137
　　二、产品推广的策划 ··· 137
　　三、产品推广的途径 ··· 138
　　四、时装广告的制作 ··· 140
第二节　企业形象识别系统 ·· 141
　　一、CIS 的概念 ·· 141
　　二、CI 设计的基本原则 ··· 141
　　三、VI 设计 ··· 144

第十章　案例：休闲服装品牌——活力女孩 ·· 146
第一节　关于品牌 ·· 146
　　一、品牌综述 ··· 146
　　二、市场分析 ··· 147
　　三、WTO 市场机会与优劣势 ··· 150
第二节　产品架构 ·· 151
　　一、活力女孩品牌 2007 春夏产品架构表 ···································· 151
　　二、活力女孩品牌 2007 春夏产品色彩架构表 ······························ 152
第三节　主题设计 ·· 153
　　一、红粉佳人 ··· 154
　　二、梦幻迷园 ··· 156
　　三、酸甜女生 ··· 158
　　四、夏日果园 ··· 160
第四节　系列款式设计 ·· 162
　　一、红粉佳人 ··· 162
　　二、梦幻迷园 ··· 164
　　三、酸甜女生 ··· 166
　　四、夏日果园 ··· 168
第五节　系列图案设计 ·· 170
　　一、红粉佳人 ··· 170
　　二、梦幻迷园 ··· 171
　　三、酸甜女生 ··· 172

　　　　四、夏日果园 …………………………………………………………………… 173
第六节　面料运用 ……………………………………………………………………… 174
　　　　一、针织面料 …………………………………………………………………… 174
　　　　二、机织面料 …………………………………………………………………… 175
第七节　局部设计元素 ………………………………………………………………… 176
　　　　一、图案工艺元素 ……………………………………………………………… 176
　　　　二、上衣局部工艺元素 ………………………………………………………… 176
　　　　三、下装局部工艺元素 ………………………………………………………… 177
第八节　辅料选择 ……………………………………………………………………… 178
　　　　一、纽扣 ………………………………………………………………………… 178
　　　　二、织带 ………………………………………………………………………… 179
　　　　三、珠片 ………………………………………………………………………… 179
　　　　四、拉链 ………………………………………………………………………… 179
　　　　五、花边 ………………………………………………………………………… 180
　　　　六、徽章 ………………………………………………………………………… 180
第九节　服饰配件设计 ………………………………………………………………… 180
　　　　一、鞋 …………………………………………………………………………… 181
　　　　二、包 …………………………………………………………………………… 181
　　　　三、帽子 ………………………………………………………………………… 181
　　　　四、手套 ………………………………………………………………………… 182
　　　　五、袜子 ………………………………………………………………………… 182
　　　　六、腰带 ………………………………………………………………………… 182
　　　　七、围巾 ………………………………………………………………………… 183
第十节　品牌 VI 设计（产品包装推广部分） ………………………………………… 183
　　　　一、品牌标志 …………………………………………………………………… 183
　　　　二、产品包装设计 ……………………………………………………………… 184
　　　　三、广告设计 …………………………………………………………………… 188

附录 …………………………………………………………………………………… 191
　　国内外部分重要时尚刊物 …………………………………………………………… 191

参考文献 ……………………………………………………………………………… 197

第一章　服装产品规划的职能

本章要点：通过本章学习，了解服装产品规划的机构设置内容和服装企业产品规划的职务分工，理解服装产品规划的流程。

服装在人们的生活中占据非常重要的位置，它从远古时代出现，一直伴随着人类成长。服装不仅包含各种技艺，也包含丰富的符号含义；它成就了庞大的产业，吸引了无数人从事这个行业。随着服装行业的发展，与服装相关的各种信息也汇集起来，成为专业知识传播到各个角落。

今天，服装业快速发展，设计师面对的不再是单个服装产品的设计，而是整个季节的服装产品的设计，包括各个系列产品的色彩搭配、面料搭配、款式设计等。因此，设计工作越来越复杂，分工越来越细，设计师需要有章可循。本书所讨论的就是这一复杂而充满魅力的工作——服装产品规划。

第一节　概述

一、什么是服装产品

服装产品是工业产品的一种，因此服装产品设计归属于广义的工业设计。工业设计（Industrial Design，ID）一词是20世纪初出现于美国，代替工艺美术或实用美术等概念开始使用，在20世纪30年代前后大萧条时期，工业设计作为应对经济不景气的有效手段，开始受到企业家和社会的重视。成立于1957年的国际工业设计联合会曾在1980年将工业设计定义为："批量生产的产品，凭借设计者所接受的训练、所拥有的技术知识、经验及视觉感受赋予材料、结构、形态、色彩、质感以及图案以新的形式，成为工业设计。"同时又指出："工业设计师应在上述工业产品的全部或其中几个方面进行工作，而且对包装、宣传、展示、市场开发等问题，以自己的技术知识、经验以及视觉评价能力予以解决，也属于工业设计的范畴。"

可见，工业设计的定义，其内涵和外延都是极具伸缩性的。广义的工业设计可以涵盖全部的"设计"。狭义的工业设计，是指对工业产品进行设计，其核心是对产品的功能、材料、构造、形态、色彩、表面处理、装饰等方面进行创造，既要符合人们对产品的功能要求，又要满足人们审美情趣的需要，还要考虑经济因素。现代服装设计几乎完全与工业设计要素相吻合。服装产品设计就是设计服装的款型、色彩、面料、装饰等，也同样要考虑到功能、审美和经济。服装设计与工业设计同样是一门自然科学与人文艺术结合的交叉学科，它汲取了科学、艺术、经济的成果，并涉及美学、人体工程学、生态学、心理学、市场学、材料学、史学、创造学等广泛的领域。艺术与技术是服装设计的支柱，技术为艺术增添活力，艺术赋予技术灵魂。

一件衣服、一顶帽子、一整套为赴宴搭配的服饰等，这些都是服装产品。服装产品是向市场提供的，能够引起消费者的注意、获取、使用或消费，以满足其欲望或需要的与服装密切相关的产品。服装产品不仅包括有形产品，广义的服装产品包括实物、服务、事件、人员、地点、组织、观念或者上述这些组合。本书中用服装产品这个术语来涵盖上述的任何一项或者全部（图1-1~图1-5）。

图1-1　品牌马克·华菲的服装

图1-2　品牌Miu Miu的包

图1-3　品牌Miu Miu的鞋

图1-4　品牌Mickey的服装

图1-5　品牌Mango的服装

二、什么是服装产品规划

服装产品规划是将服装产品体系作为一个有内在逻辑的整体来看待，对其内部结构进行规划、整理、计划的过程。这个过程非常复杂。用"规划"而不用"设计"，主要是强调理性思维，强调设计思维的有序化，强调计划性和逻辑性。

从整个品牌的发展来看，服装产品规划将产品开发任务清晰化，将飘忽不定的灵感视觉化，将零散的产品整体化，将开发时间和开发行为规范化，是品牌服装产品开发的保驾护航者，没有它，开发过程很可能一团糟。

长期的服装产品规划范畴是：从服装产品的定位、设计概念的提出、开发计划的制订、系列设计的深入到对设计的评论、筛选与反思等一系列的活动。

短期的服装产品规划范畴是：针对目标消费群，对某个时间段内（单季、双季或一年等）上市的服装产品进行整体的规划与控制，尤其是规划整体产品的方向、结构、比例关系以及各产品开发的前后关系等。

第二节　服装产品规划的职业发展

历史上出现最早的与服装产品规划相关的职业是19世纪末出现的服装设计师，它是由裁缝这一职业转化而来。最早可以追溯到英国的查尔斯·弗雷德里克·沃斯（Charles Frederick Worth），他是第一个在自己设计的服装上签名的人，从而确立了服装品牌意识。多少年来，设计服装的匠人仅仅是裁缝而已，通过沃斯的创造，裁缝终于被社会承认为"服装设计师"，是一个重大的进步（图1-7）。后来在20世纪里出现了许多举世瞩目的服装设计大师，如保罗·波烈（Paul Poiret）、加布里埃勒·夏奈儿（Gabrielle Chanel）、克里斯特巴尔·巴伦夏加（Cristobal Balenciaga）、汤姆·福特（Tom Ford）、克里斯汀·迪奥（Christian Dior）、伊夫·圣·洛朗（Yves Saint Laurent）、玛丽·匡特（Mary Quant）、乔治·阿玛尼（Giorgio Armani）、吉安尼·范思哲（Gianni Versace）等（图1-6~图1-11）。

随着时代的发展，设计大师们很快发现，设计已经不能由个人单独完成，于是一些成熟的服装企业设立了服装设计部。这也是目前国内服装业最常见的产品规划形态。

随着该设计领域的日益成熟，又出现了独立营运的服装设计事务所、服装设计工作室、服装设计公司等。这些工作室或公司一般由知名服装设计师创立。由于还处于起步阶段，各个设计工作室或设计公司之间的职能和内部流程差别较大，如有些设计工作室不仅承接产品规划的任务，还直接制作样衣供客户选择。为了避免所涉及的内容过于宽泛，本书主要针对企业内部的设计部展开。

图1-6 查尔斯·弗雷德里克·沃斯及其作品

图1-7 克里斯特巴尔·巴伦夏加　　图1-8 汤姆·福特　　图1-9 伊夫·圣·洛朗

图1-10 乔治·阿玛尼　　图1-11 吉安尼·范思哲

服装企业内部的设计部与营销部是它最重要的两大支柱,两个部门的目标与企业的总目标一致。设计部又可称为创意部、产品开发部,是企业创新的源头和动力,为企业源源不断地创造出新的产品。它的职责范围包括:收集流行信息、预测新季度目标市场的消费趋势;制定新季度的产品开发计划,包括时间计划、色彩计划、面料计划、款式计划、图案计划、辅料计划、设计任务分配计划等；设计完整的可投入生产和销售的多系列产品，包括色彩搭配、面辅料搭配、款式设计、图案设计等；参与品牌形象设计、广告设计，参与时装发布会的概念设计与相关事宜，参与面辅料采购决策等。

第三节　服装产品规划职务分析

服装产品规划首先应讨论对服装设计部人员的分工与管理，即职务分析。人们将根据个人能力和职务要求完成既定范围内的任务，共同完成整个设计工作。

职务分析又称工作分析，就是明确职位的工作内容和职位对员工的素质要求。职务分析的内容包括：职务描述和职务资格要求。职务描述规定了对"事"的要求，如任务、责任、职责等；职务资格要求规定了对"人"的要求，如知识、技术、能力、职业素质等。对与设计相关的各个层级的职位进行职务分析有重要意义，它为招聘、选择、绩效考评、薪酬管理、管理关系、员工发展提供依据。

在大中型服装企业中，较正规和完整的设计部人员的编制基本如下：设计总监、设计部经理、设计主管、高级设计师、设计师、设计助理、试衣模特、文员。规模较小的则可以省去中间几个层级，而且一般设计部经理与设计主管的职位只设其中一个。小规模的设计部可能只有一个人，而著名品牌的大型设计部则可以同时拥有几十位甚至更多位设计师。

设计部门的职务结构示意图见图1-12。

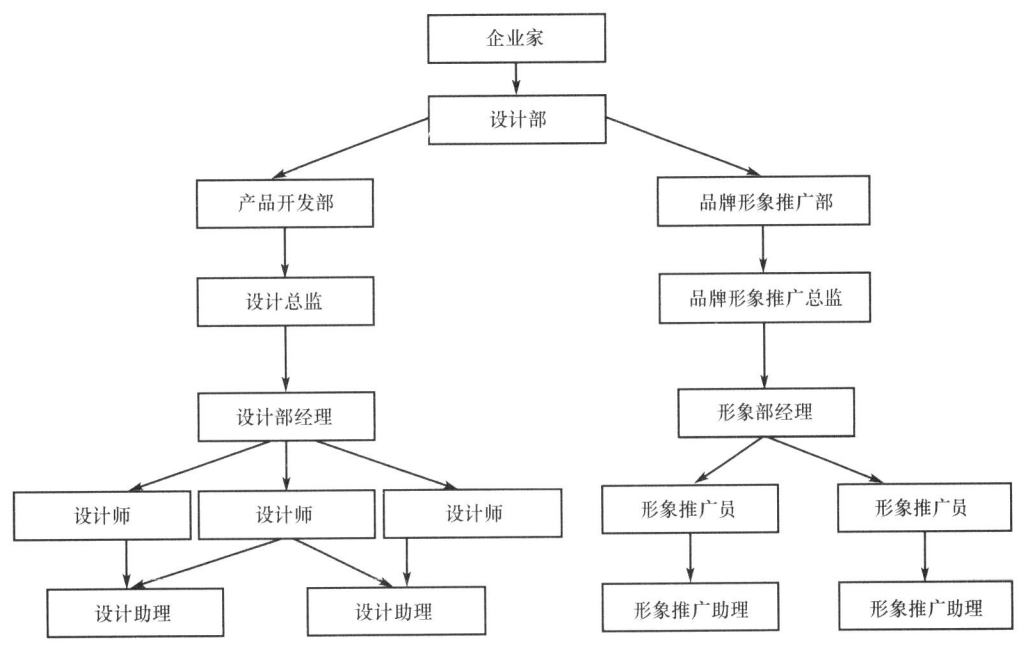

图1-12　设计部门职务结构示意图

一、企业家：对设计的战略管理

1. 企业家的定义

企业家的概念可从企业、管理、个人等不同角度来做进一步界定。

在几乎所有对企业家的定义中，普遍认同的是企业家从事的实际上是这样一种行为，它包括：

- 首创；
- 组织和重组社会与经济制度，使资源和环境转化为实质的利益；
- 承担风险或接受失败。

对经济学家来说，企业家就是那些整合资源、劳动力、原材料和其他资产，使之产生比以往更大价值的人；同时也是那些引入变革、创新和新秩序的人。而对于心理学家，这样一种人通常受某种力量的驱动，如为获取某些东西、为实践、为成功的需要，或为了逃避他人的权力。对某些经营者来说，企业家似乎是一种威胁，是极具侵略性的竞争对手。与此同时，相对于另一部分经营人员，企业家可能是同盟军、供应源、客户或者为其他人创造财富的人。企业家要为充分利用资源、减少浪费以及创造出别人乐意得到的工作而找到更好的方法。

2. 职能描述

优秀企业家应拥有梦想和把梦想变成现实的顽强毅力。建立一个新的时装品牌往往源于企业家的梦想和高利润的市场前景预测。对于产品开发工作来说，企业家扮演了企划人的角色，他必须在企业建立之初，就高瞻远瞩地制定长期战略目标以适应不断变化的行业环境。每个服装企业必须有自己的策略以明确它的特殊形势、机遇、目标和资源。

为企业长期生存与发展作出整体战略规划的工作称为战略计划工作。世界著名营销专家菲利普·科特勒（Philip Kotler）把战略计划（Strategic Planning）定义为：在组织目标、能力同组织不断变化的营销机遇之间保持和发展一种战略适应性的过程。显然，品牌战略计划所涉及的是使品牌在不断变化的环境中如何抓住机遇的问题。战略计划为企业其他的计划工作指明了步骤和阶段。

企业的战略计划可分成若干阶段：

- 定义企业的使命；
- 设定企业的目标；
- 规划业务组合；
- 计划、营销和其他职能战略。

任何组织之所以存在都是为了完成某种事情。起初，它有一个明确的目的或使命，但是随着时间的流逝，组织成长起来，增加了新产品，开发了新市场，面对环境中的新情况，组织的使命随之变得模糊起来。当管理者察觉组织正迷失方向、漫无目的地漂流时，就必须重新寻找组织存在的目的。这时候，组织就应该自问：我们的业务是什么？顾客是谁？顾客看重什么价值？这些貌似显而易见的问题是企业不得不回答的最困难的问题。成功的企业总是不断地提出这些问题，并且认真、完整地回答这些问题。

许多企业会制定正式的使命陈述来回答这些问题。使命陈述（Mission Statement），是指对组织目标的一种表述，即在大环境中想要完成的事情。清晰的使命陈述能够起到一只看不见的手的作用，指引组织中的人员行动，共同迈向组织的整体目标。

这几个重要的问题结合了商业和文化方面的因素，对企业的长期发展有着非常重要的影响，有助于企业有计划、有步骤地健康成长，决定了一个企业的发展速度与发展潜力。就如一个人的人生观和个性决定了他的命运一样，企业使命反映了一个服装企业人格化之后的时代观和个性。

3. 职务资格要求

作为服装企业最高领导者的企业家，必须对服装文化、服装行业运行规则、服装产品特点有深刻的理解。他必须非常清晰地了解自己所面对的目标消费群，了解他们真正的生活方式，了解他们的消费能力。在设计人才管理方面，企业家与设计总监的关系十分微妙。企业家在寻找合适的设计总监人选时应该秉持谨慎的态度，应该对设计总监本人的才华和能力有准确的判断，一旦决定起用，就应该放手让设计总监负责，LVMH集团的总裁伯纳德·阿诺尔特（Bernard Arnault）就是一个很好的例子。

企业家确定了服装企业的使命，就是为企业发展指明了方向，为服装产品规划提供了既定的框架，设计团队将在这个大的框架内发挥自己的创造力。

二、设计总监

（一）职能描述

设计总监又称创意总监、艺术总监或者首席设计师。设计总监的职能是寻找和确定本企业的内在文化与未来风格的发展方向。他必须具备独特的想象力和判断力，能抓住企业的闪光点和打动人心的东西。设计总监对各方面的信息进行分析后，将对整体的企业形象负责，提出设计概念，制定产品开发策略与计划，并将这个设计概念渗透到产品的推广与销售策划活动中。

（二）职务资格要求

设计总监一般是本专业的资深人士，具有丰富的市场经验、较强的沟通能力和动手能力、较高的整体把握能力和分析能力，能解决设计过程中的问题。他应该是具有较高综合素质的高级管理人才，是策略型、交叉型、成长型的人才，对于时装品牌生命力的拓展与延续有着举足轻重的作用。

1. 艺术文化素质

设计总监的艺术文化素质将影响他对当代文化的洞察力，对流行文化趋势的把握能力,对传统文化的继承能力,对异域文化的吸收能力以及为他所服务的时装品牌进行文化建设的能力(图1-13)。

图1-13　著名设计师吴海燕及其服装作品

2. 个性素质

设计总监必须有自己独特的个性。因为他的深层次的思想和观念往往渗透在整个时装品牌当中,是时装品牌核心文化的重要组成部分。不同个性的设计总监适合不同类型的品牌。如著名时装品牌阿玛尼、三宅一生(Issey Miyake)和迪奥(Dior),这些品牌的设计总监分别是乔治·阿玛尼、三宅一生和约翰·加里亚诺(John Galliano)。他们鲜明的个性与品牌风格融为一体:乔治·阿玛尼的含蓄、内敛、优雅和注重细节的个性在他的服装产品中体现得淋漓尽致,阿玛尼品牌已经成为这些词的代名词;三宅一生带有哲学性的设计思想在其著名的褶皱中得以体现,他用这种语言表达了"人衣合一"的东方人文哲学观;迪奥品牌的古老和优雅在邂逅了约翰·加里亚诺后,形成了奢华、性感和叛逆的新形象,这和约翰·加里亚诺本人的叛逆个性和喜爱戏剧化的艺术不无关系(图1-14~图1-16)。

图1-14　服装品牌阿玛尼的设计总监乔治·阿玛尼及其服装作品

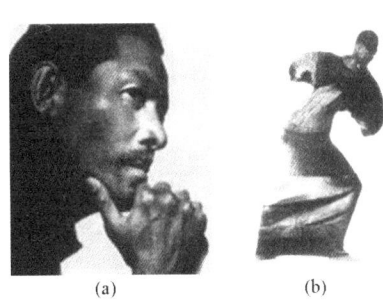

图1-15 服装品牌三宅一生的设计总监
三宅一生及其服装作品

图1-16 服装品牌迪奥的设计总监
约翰·加里亚诺及其服装作品

3. 商业素质

商业素质一方面反映在设计总监对本品牌目标市场的分析、把握、引导能力和对潜在市场的吸引能力上，另一方面体现在他对各种商业规则的理解和遵守上，如汤姆·福特。

4. 设计管理素质

设计总监的设计管理素质包括传达设计概念的清晰性、设计系列的完整性和条理性、对设计过程的速度的控制能力、对设计团队的选择与组建能力、对设计团队创作的激发能力和对新开发产品的评论、筛选能力等。

5. 设计素质

设计总监的设计素质体现在对本品牌新季度产品的风格定位、色彩定位、面料定位等方面。他应该具有丰富的服装行业经验和将流行概念转化成现实服装产品的能力。

设计总监的任命与稳定性对自主开发产品的服装企业非常重要，几乎是性命攸关的大事，因此这类人才非常宝贵。企业对设计总监的管理也有别于一般的管理层人员，更多的应该是信任、合作，以及给予其足够的发展空间。

三、设计部经理

（一）职能描述

设计部经理也可称为产品开发部经理，是把服装品牌设计战略具体化和丰富化的角色之一。它与设计总监的职能区别主要在于：设计总监倾向于对设计本身的管理（设计思维的管理），而设计部经理则更倾向于行政管理（设计人力资源管理和设计过程管理）。设计部经理属于高层设计管理者，一般直接对经营者负责；设计部经理是联系设计总监和设计师之间的纽带，对设计团队起到承上启下的作用。设计部经理本人一般不进行具体的设计，他应具备规划、执行、沟通、协调、服务、调控等能力。

1. 规划

建立完整的设计管理运作程序，使企业的新产品开发有章可循，使设计师的工作完善有效。

2. 执行

将企业整体发展战略和设计策略转化为可执行的产品开发程序，选择合适的设计师，并根据设计计划和设计师的特长进行任务分配，有效激励设计师在既定目标指引下进行新产品的开发设计。

3. 沟通

建立畅通、及时的信息获取渠道，为企业产品战略的制定和设计师的设计工作提供客观依据，包括最新材料、工艺技术、市场动向、流行时尚信息等。

4. 协调

协调设计部门同其他部门进行有效的合作、沟通，以达到资源共享和互相促进的作用，进而共同研究和策划产品发展方向。将设计部、市场部、销售部、生产部、采购部等各个部门的经理或主管与设计师、用户共同组成评估小组，对设计产品进行评估。

5. 服务

为设计师服务，提供各种接触时尚资讯的渠道（时尚书籍、展会、时装秀）；营造一个可以全身心投入设计的环境，使设计师把大部分精力投入到设计工作中，而不会在其他方面消耗精力；有效发挥设计部门的巨大作用，从而达到增加企业凝聚力的目的。

6. 调控

保证设计思想在设计总监设定的大方向内推进，控制设计进度，使设计任务按既定的时间计划和预期质量完成。

（二）职务资格要求

设计部经理需要有丰富的行业经验和设计管理经验，同时具有把控全局的能力，又有迅速的执行能力，善于发现、筛选和评估设计师，善于领导设计师团队。

四、设计主管

（一）职能描述

设计主管，在小型企业中与设计部经理的职能相同，设立其一即可。较大型的服装企业则在设计经理下另设设计主管，相当于设计组长，负责设计小组的各项事务。设计任务分配给各设计小组后，设计主管须带领和督促该小组按时、按质完成设计任务。另外，设计主管还必须具有规划、执行、沟通、协调、服务、调控等能力，但其针对的范围缩小，只限于设计小组内部。一般情况下，设计主管本人会承担部分设计任务。

（二）职务资格要求

设计主管需要兼具丰富的设计经验和设计管理经验，设计能力强，以指导本小组的设计工作。一般是将设计业绩突出的设计师提拔为设计主管，这样，他对本品牌的设计路线和管理机制非常了解，便于指导其他设计师，而他所承担的设计管理方面的职责也不会太复杂，一般是可以胜任的。

五、设计师

（一）职能描述

设计师需要寻找新的流行元素，并根据设计总监的设计思想进行具体的系列设计。假如设计总监是乐队的指挥，那么设计师就是各个身怀绝技的乐手。设计总监的设计概念必须通过每一个款式具体的色彩、线条、面料、图案等细节来表达。所以，设计师的领悟力和设计技巧非常重要。

（二）职务资格要求

（1）拥有整体品牌意识，能较快地领会某一特定的时装品牌的设计概念；

（2）具有立足于消费者的设计观念和为消费者服务的设计意识；

（3）对流行有敏锐的感知能力，能不断发现和创造新的设计技巧；

（4）具有系列设计的能力，可以将某一个特定的灵感进行变化和延续设计，形成统一中又带有变化的系列产品；

（5）具有徒手绘制服装设计草图的能力，可快速记录灵感和设计构思，便于进一步推敲细节和筛选设计方案；

（6）应有扎实的手绘（或计算机绘制）效果图的能力，这里并不要求像服装插图一样注重艺术视觉效果，但需要对款式结构、细节设计、面料特征有明确的表达，关键是要准确表达自己的设计概念，使制板师能清晰地理解设计意图（图1-17）；

（7）对服装从设计制造到走向市场的全过程应有足够的了解，应有基本的制板知识、工艺制作知识、面辅料知识、营销知识等；

（8）至少会使用一种设计软件，如 Corel Draw、Photoshop 等，能够设计、绘制平面款式结构图，也能够进行印花图案设计以及相关设计等；

（9）能够独当一面，具有良好的表达能力及与社交技巧（擅于听取相关部门的意见和信息反馈，能站在客户的角度看待问题和理解概念），具备撰写设计报告的能力，如记录有关设计细节的探讨或设计方案的决策过程等；

（10）具有良好的时间观念，能在规定的时间内运用各种手段完成设计任务。

六、设计助理

（一）职能描述

为了更好地协调设计过程，部分企业的设计部会设置设计助理一职，其任务是协助设

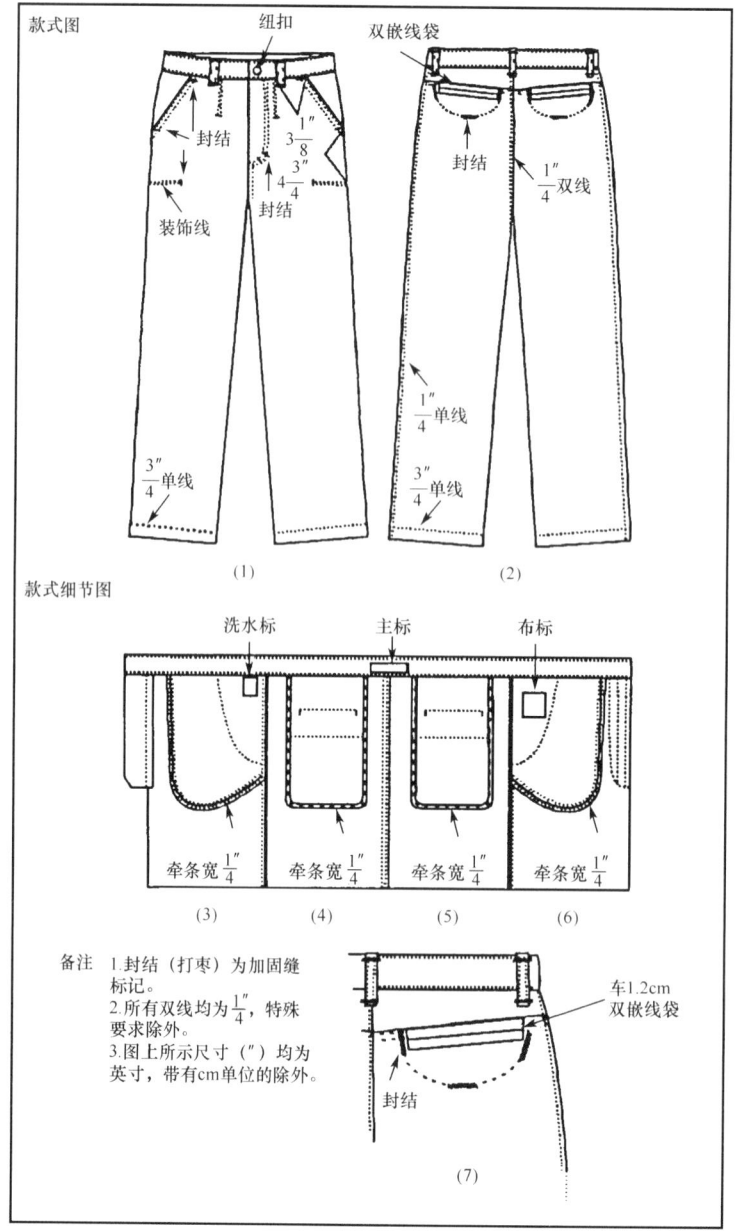

图1-17 华南农业大学学生曹秋红作品

计总监、设计主管和设计师的工作，如寻找面辅料与款式编号、图案整理、部门协调等。

设计助理的任务是烦琐的，其中最为繁杂、琐碎的工作是寻找当季流行的面料和辅料，这要到各个地区的面料市场和辅料市场去搜索，需要耗费大量的时间与精力；其次是对绣花、印花、洗水等工艺的跟进，这需要经常与厂家沟通。

设计助理考察面辅料市场需注意的事项：

（1）收集选中面辅料的店铺名片、面辅料小样；

（2）记录选中面辅料的价格，以便进行成本核算；

（3）记录面辅料的幅宽；

（4）询问面辅料是否有现货，如无现货，多长时间可以到货；

（5）面辅料如无合适的颜色，与相关单位协商是否能够染制所需的颜色。

（二）职务资格要求

称职的设计助理应具有一定的服装专业基础知识，热爱服装行业，对设计的理解力较强，具有吃苦耐劳的精神，细心、认真、负责、有条理。

七、试衣模特

（一）职能描述

（1）新产品样衣制作好之后，要经过审板、修板程序，才能进入生产部，为生产大货做准备。审板会议上，通常由一个体型尺寸接近本品牌目标消费群体型特征的模特试穿样衣，并进行动态演示、不同角度转身，各个部门参与审板并提出意见。

（2）因为试衣工作并不是随时进行，一般一周审板2～3次，所以试衣模特通常也可兼做设计部文员的工作。

（二）职务资格要求

对试衣模特的要求，最主要的是对身体尺寸的要求，相貌气质也要符合服装品牌的风格。

八、设计部文员

（一）职能描述

设计部文员又称设计部秘书，工作范围主要包括：整理设计部各项资料，如流行信息资料、设计计划书、设计任务分配表、设计进度表、设计图稿、会议记录、各项通知等；协助完成设计经理和设计主管的各项管理工作。

（二）职务资格要求

设计部文员应具备一定的秘书专业知识（有写作能力、信息管理能力等）和一定的服装专业知识（了解服装设计工作的特点和流程规律、服装设计图稿的含义等），熟练操作办公室软件如Word、Excel等。

九、职务分工结构

设计规划的各个职能的分工结构非常细致，各职能之间有交叉重叠的部分，因此最重要的是要有一种团队协作的精神和内在的动力机制（图1-18）。

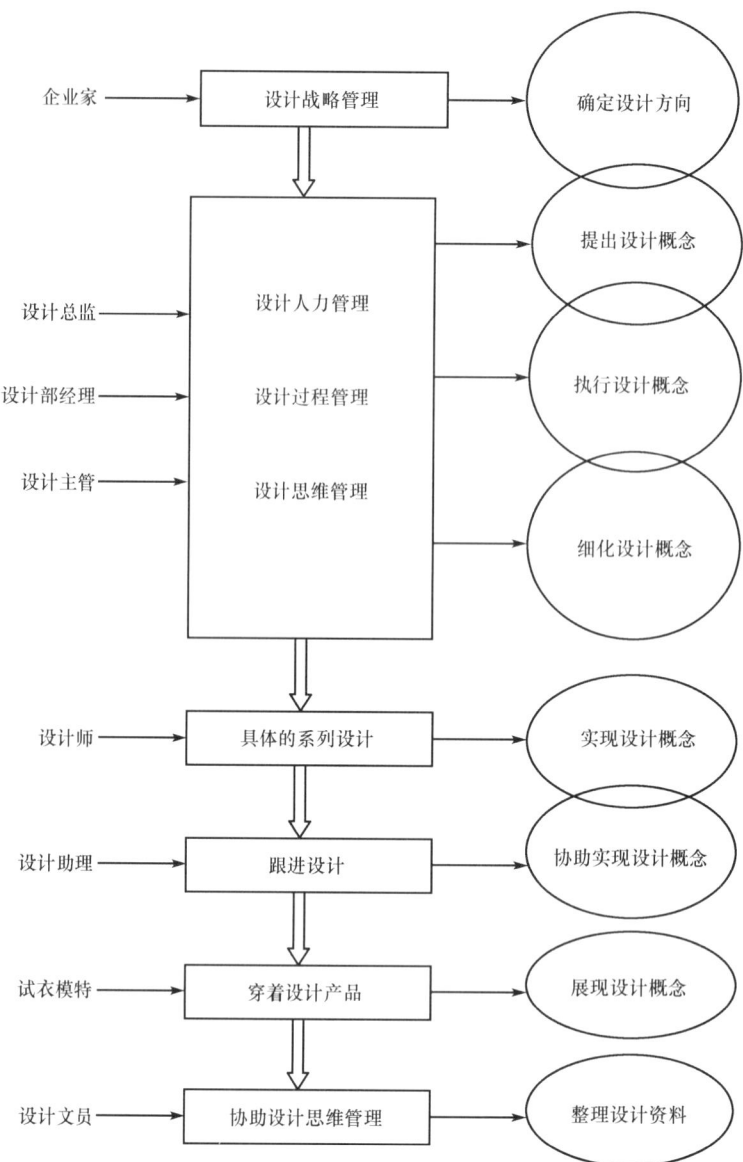

图1-18 设计部职务分工结构图

第四节 服装产品规划流程

一、服装产品规划流程

设计部进行服装产品规划时，需遵循一定的流程。这个流程的周期一般为一个季度，适合大中型自主开发产品的服装企业设计部，而小型企业往往将其中的某些环节合并在一起完成。对于独立运作的设计工作室，则可作为某个服装企业进行产品规划的工作流程之一（图1-19）。

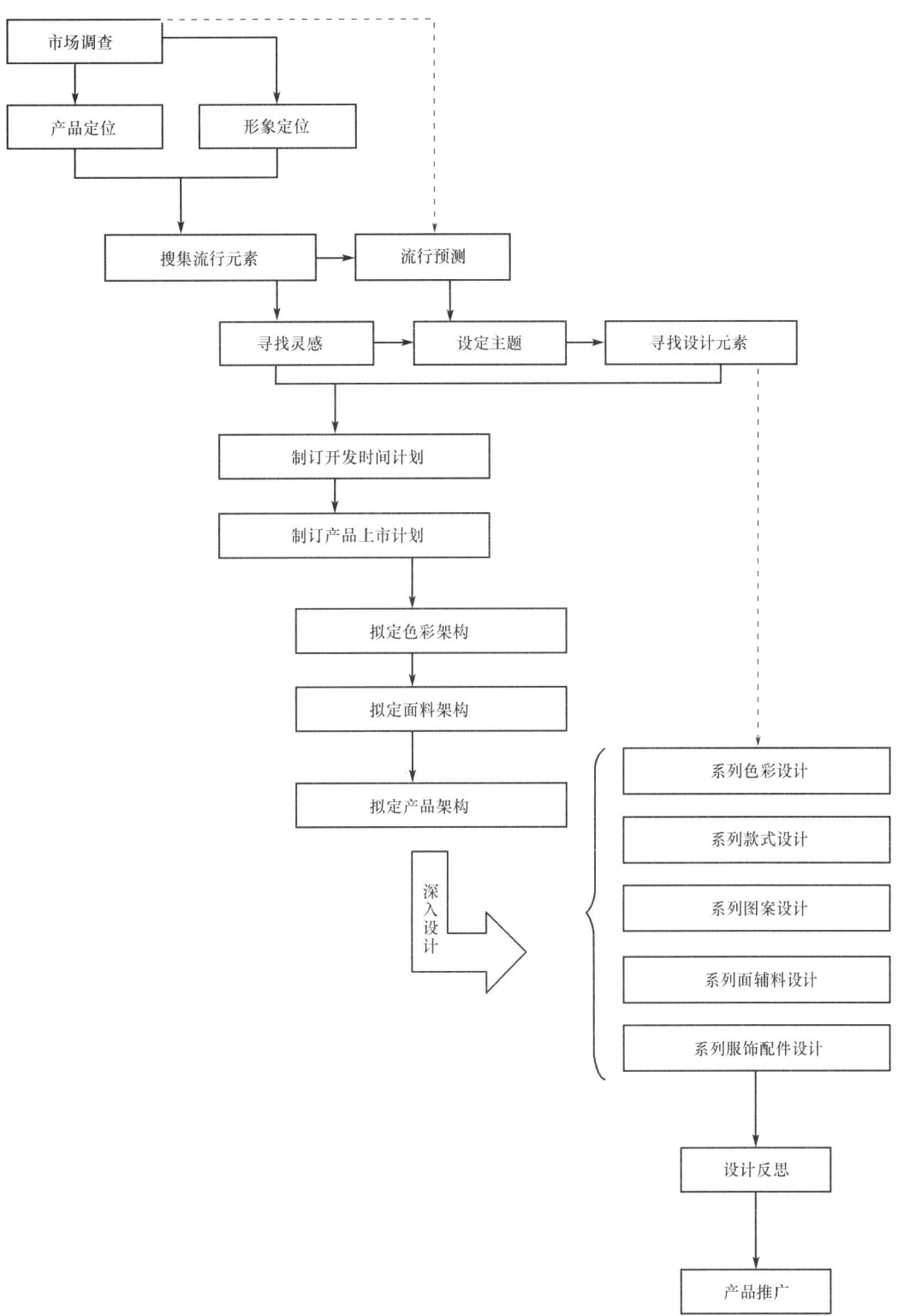

图1-19 服装产品规划总流程图

二、服装产品规划流程中各部门的职能

（一）市场调查

服装产品规划流程以市场调查为起点，这个环节研究了行业现状和趋势，是整个流程的基础。

（二）产品定位

产品定位环节是对产品的目标消费群进行定位，对企业将提供的服务进行定位，对产品类型、设计风格、产销方式、工艺品质等进行定位，这就将目标范围缩小了，并给出了方向。

（三）搜集流行元素和流行预测

这一步需关注时尚行业的变化，因为服装是为即将到来的时刻设计的，是变化多端的，每个季度的新产品规划都必然要重新理解流行。

（四）寻找灵感、设定主题和寻找设计元素

此时进入具体设计阶段，不同凡响的灵感将引出品牌的新风貌，别致的主题带来别致的系列设计，意外的设计元素则添加更多的设计趣味。

（五）拟定计划

一旦主题确定下来，设计团队就可以开始制定开发时间计划和产品上市计划，从而便于与产品开发相关的各个部门的合作。开发时间计划一般规定了设计时间进程和打板时间进程，产品上市计划则为新产品的下单生产和销售提供依据。

（六）拟定色彩架构、面料架构和产品架构

为产品拟定合理的结构，规定大致的色彩种类、面料品种和款式数量，为设计团队的工作建立清晰可循的纲领。

（七）深入设计

进行系列色彩设计、系列款式设计、系列图案设计、系列面辅料搭配、服饰配件设计等。系列设计考核的是整体统一与变化的设计能力，也是设计师发挥才能的最佳环节。

服装产品规划到这里就告一个段落，为了对产品进行调整，也为了应对变幻莫测的市场，就要进行设计反思。设计反思的重要价值不仅体现在当季，更能为次年的设计提供参考。

最后，要对产品进行推广，以便更好地销售。品牌形象推广不容忽视，它将好的产品理念通过优秀的视觉语言传达给消费者，起到了很好的促销作用。

思考与练习

1. 服装产品规划的概念是什么？
2. 服装产品规划的各个职务分工如何？流程是怎样设定的？
3. 尝试模拟服装产品规划中的某一职务进行工作。

第二章 品牌调研和定位

本章要点：通过本章学习，了解服装品牌市场调研的方法；掌握品牌定位的定义、方法和工具，理解品牌定位的策略，学会使用SWOT工具对现有品牌进行分析；掌握产品定位的主要内容。

在开发新季度产品工作开始之前，需要知己知彼，方能百战百胜。这里的"知彼"就是调研，"知己"就是定位。现代社会环境下，品牌定位至关重要，好的定位能令一个品牌在复杂的竞争环境中具有清晰的辨识性、吸引明确的消费群（图2-1）。

图2-1 专以经营旅游用品为特点的品牌旅行家专卖店，其产品琳琅满目、主题明确

以下两个阶段是品牌产品规划的基础，没有经过市场调研，没有清晰的产品定位，产品规划将无的放矢。

第一个阶段，市场调研。了解竞争环境，寻找市场需求，就意味着要了解目前的消费市场存在着哪些细分市场；哪个细分市场的需求是本企业的设计力量和制造力量可以满足的；这个细分市场已经存在着哪些竞争者，他们的产品有哪些优点和缺点，本企业的竞争优势和劣势是什么。

第二个阶段，产品定位。确定符合市场需求的产品特征，则意味着要准确而深入地了解目标消费群的各种需求，然后选择恰当的手段去满足他们，这些手段包括设定产品的物质特征和精神特征。美国心理学家马斯洛把人类的需求分成五个层次：生理需求、安全需求、归属与爱的需求、尊重的需求、自我实现的需求。好的产品就是尽可能地满足目标消费群的各种需求。一般来说，产品的物质特性可以满足消费群的前两种较低级需求，产品的精神特性可以满足消费群的后三种较高级需求。

美国营销专家菲利浦·科特勒指出："从交换和关系的概念可以导出市场的概念。所谓市场，是指某种产品的实际购买者和潜在购买者的集合。这些购买者都具有某种欲望或需要，并且能够通过交换得到满足。因此，市场规模的大小取决于具有这种需要及支付能力，并且愿意进行交换的人的数量。"寻找到可持续增长的设计需求，并为满足这种需求制造出恰当的产品是一个企业成功的必备条件。我们可以看到国内外很多成功的服装品牌，非常准确地定位了自己的目标消费群。也有一些著名的服装品牌，随着目标消费群年龄的老化，消费力逐渐降低，而企业又无法同时满足新成长起来的年轻消费群，于是就面临着市场份额萎缩、企业利润持续下降，甚至被淘汰的危机。

第一节　服装市场调研

一、服装市场调研的内容

发展至今，一个成功的设计，一定是把服装市场调研作为设计过程的一个重要环节进而实现的设计。在充分进行市场调研的基础上，进行产品开发设计，这几乎已成为新产品设计产生的必经之路。服装市场是不断变化的，顾客的需求也各不相同。通过服装市场调研，能够帮助发现新的商机和需求，还可以发现企业产品的不足及经营中存在的问题，可以及时掌握企业竞争者的动态，掌握企业产品在市场上所占份额的大小，可以了解整个经济环境对企业发展的影响，预测未来市场可能发生的不利情况，以便及时采取应变措施，减少企业的损失。服装市场调研的主要内容如图2-2所示。

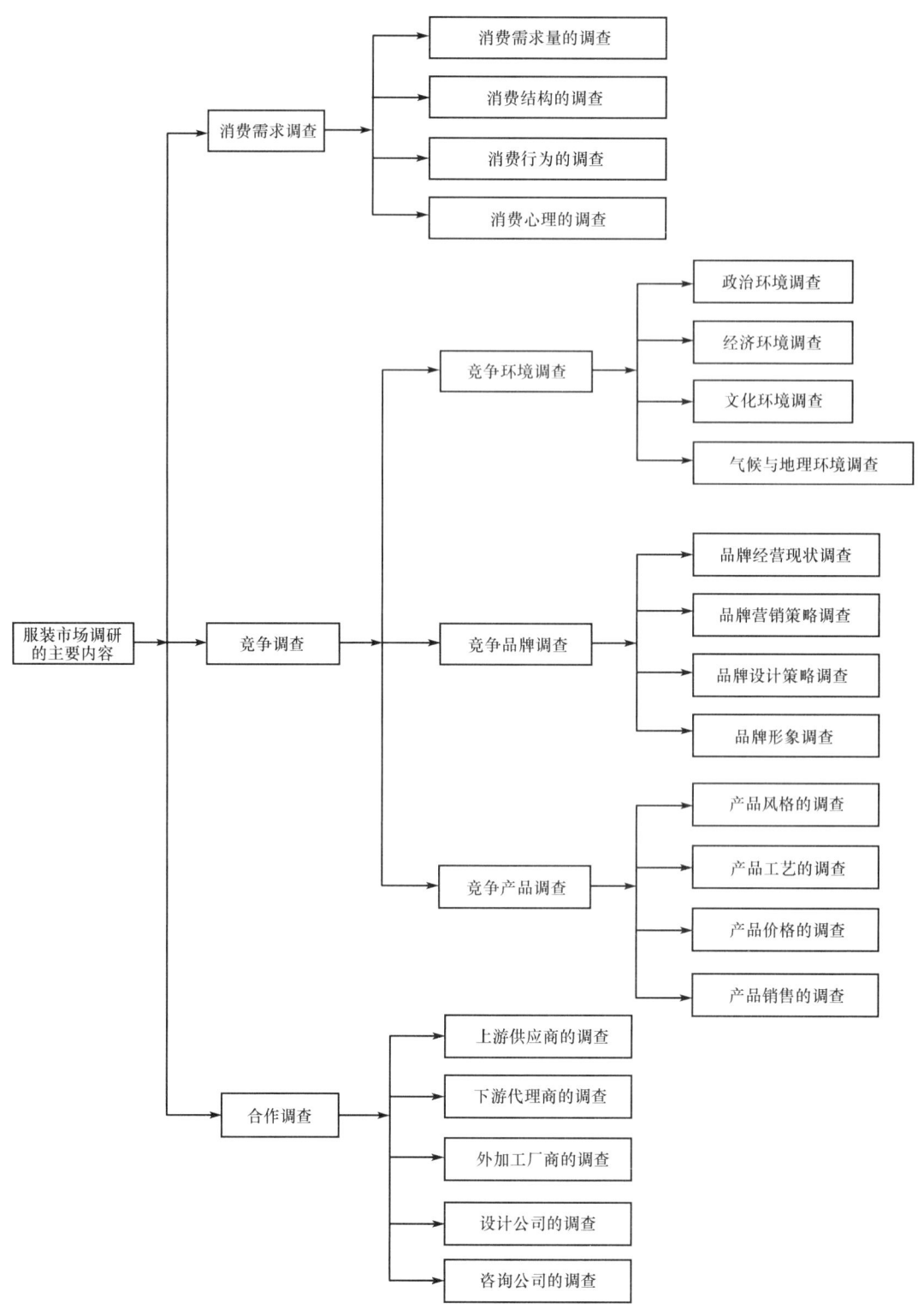

图 2-2 服装市场调研的主要内容

二、服装市场调研的步骤

服装市场调研的目的是为决策者更好地作出决策提供信息,调研应围绕这一目的进行,具体步骤如图2-3所示。

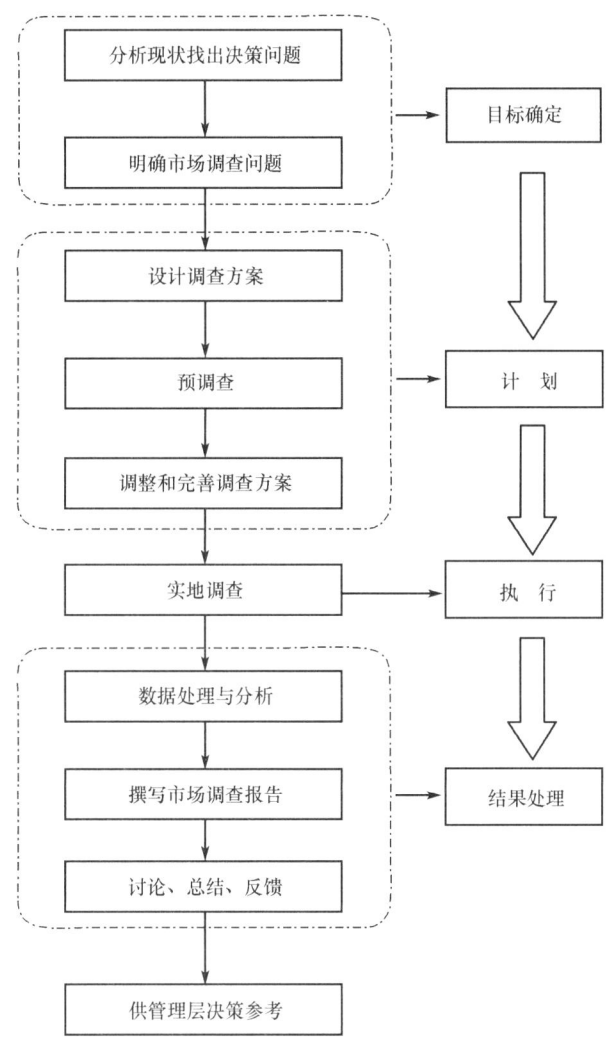

图2-3 服装市场调研的具体步骤

三、服装市场调研的方法

正确选择服装市场调研的方法,对调研结果的准确性影响很大。市场实地调研方法有很多,其主要方法可分为观察法、调查法、实验法。

(一)观察法

观察法是通过观察和调研相关的人、行为和情况来收集原始数据的方法。例如,可在城市最繁华的街上观察某种服装产品的穿着比例，可在竞争品牌零售点附近观察购买该产品的消费者，也可在本品牌的零售店内观察顾客的行为。

（二）调查法

调查法最适合收集描述性数据。当企业需要了解消费者对品牌产品的了解程度、态度、偏好和购买行为时，常常采用直接询问个人的方法。调查法是收集原始数据最常用的方法，同时也是调查工作可使用的最有效方法。调查法的主要优点是比较灵活，可以得到在不同情况下的各种信息。如果设计得好，调查法比观察法和实验法获得信息的速度更快，成本也更低一些。

（三）实验法

观察法适于开拓性调查，而实验法则适合收集因果信息。实验法首先要选择合适的被实验者，然后在不同条件下，控制住影响结果的主导因素以外的因素，检验不同组内被实验者的反应。实验法调查试图解释因果关系，因此，在实验性调查中，观察法和调查法可以用来收集信息。

本方法一般是先进行小规模的实验，然后再研究是否大规模推广。这种方法的适用范围很广，凡是某一种商品改变品种、花色、造型、包装、价格、渠道、广告、陈列等销售因素时，都可以先做一个小规模实验，了解消费者购买行为的变化及其对产品和销售活动的意见，然后对实验结果进行分析和总结，以决定是否大规模推广或如何继续推广。此外，在展销会、试销会、交易会、订货会中，均可进行这种调查。这种方法的优点是科学、灵敏，结果比较准确；缺点是实验时间较长，成本较高。

四、服装市场调研报告的撰写

（一）题页

题页点明报告的主题，包括调研题目、委托客户的单位名称、市场调研的单位名称和报告日期。调研报告的题目应尽可能贴切，而又概括出调研项目的性质。

（二）目录

目录包括各章节与附录的名称，使读者对整个报告的内容一目了然。

（三）调研结果和有关建议的概要

调研结果和有关建议的概要是整个报告的核心，应简短、扼要，使阅读者既可以从中大致了解调研的结果，又可以从后面的正文中获取更多的信息。有关建议的概要部分则包括必要的背景、重要信息和结论，有时根据阅读者的需要，可提出合理化建议。

（四）正文（主体部分）

正文包括整个市场调研的详细内容，如调研方法、调研程序、调研结果等。对调研方法的描述要尽量讲清是使用何种方法并解释选择该方法的原因。

（五）结论和建议

应根据对调研结果的分析得出结论，同时结合企业或客户的实际情况提出其具有的优势和面临的困难，并提出解决办法，即建议。对建议应有一个简要说明，使读者可以通过参考正文中的信息对建议进行判断、评价。

（六）附件

附件通常具有一定的复杂性和专业性，如调查问卷、抽样名单、地址表、地图、统计检验计算结果、图表等，每一项内容均需编号，以便查询。

第二节　品牌定位

一、品牌定位的定义

服装品牌最吸引人的似乎是风格，迪奥奢华、夏奈儿简洁、范思哲性感。虽然每年四个季度的产品源源不断地产生，并排山倒海地涌进时装周、涌进市场、涌入消费者的视野，但这些风格鲜明的品牌却始终屹立不倒，为人们所追捧。如果没有特定的风格，产品规划就如同没有将军的军队，好似一盘散沙。但如何形成某种特定的风格？这是需要做一件更重要的事，就是定位。大多数情况下，设计部并不参与品牌定位的工作，这是由营销总监或企业领导者来确定的大战略，是企业发展的大方向，但设计部只有准确地理解品牌的定位，牢牢地沿着定位的方向开发系列产品，才可能真正满足目标市场的需求，在众多品牌的激烈竞争中脱颖而出。

美国营销学会曾评选有史以来对美国营销影响最大的"理论"，结果不是劳斯·瑞夫斯（Rosser Reeves）的 USP 理论❶、大卫·奥格威（David Ogilvy）的品牌形象，不是菲利

---

❶ 20世纪50年代初美国人罗瑟·里夫斯（Rosser Reeves）提出 USP 理论，要求向消费者说一个"独特的销售主张"（Unique Selling Proposition），简称 USP 理论。USP 理论包括以下四个方面：强调产品具体的特殊功效和利益——每一个广告都必须对消费者有一个销售的主张；这种特殊性是竞争对手无法提出的——这一项主张，必须是竞争对手无法也不能提出的，须是具有独特性的；有强劲的销售力——这一项主张必须很强，足以影响成百万的社会公众；20世纪90年代，达彼斯将 USP 定义为：USP 的创造力在于揭示一个品牌的精髓，并通过有力的、有说服力的证实它的独特性，使之所向披靡，势不可挡。

（见百度百科词条：USP 理论）

浦·科勒特（Philip Kotler）所架构的营销管理及消费"让渡"价值理论，也不是迈克尔·波特（Michael E. Porter）的竞争价值链理论，而是艾·里斯（AL Ries）❶和杰克·特劳特（Jack Trout）提出的"定位"理论。

"定位"（Positioning）概念是在1972年由艾·里斯和杰克·特劳特在美国营销杂志《广告时代》（Advertising Age）上发表的一系列有关"定位"的文章中首次提出的。书中提出"定位"的定义：定位要从一个产品开始，那产品可能是一种商品、一项服务、一个机构甚至是一个人，也许就是你自己，但是，定位的对象不是你对产品要做的事，而是你对预期客户要做的事。换句话说，你要在预期客户的头脑里给产品定位。定位就是在市场上寻找位置。因此，品牌定位其实就是一种心理战，是在研究顾客心理的地图，企业需找准自己的位置，集中火力，重点出击。

为什么要进行品牌定位呢？答案是：我们的社会已经变成一个传播过度的社会。在这个传播过度的丛林里，获得成功的唯一希望是要有选择性，缩小目标，分门别类。简言之，就是"定位"。人们的头脑是阻隔当今过度传播的屏障，把其中的大部分内容拒之门外。通常来说，大脑只接受与已有知识或经验相适应的东西。在这个传播过度的社会里，最好的办法是传送极其简单的信息。你必须确保你的信息能够钻进人们的头脑，你必须清除歧义，简化信息。如果想延长信息给人留下的印象，还得将其再简化。定位思维的精髓在于，把观念当作现实来接受，然后重构这些观念，以达到你所希望的状态。

综上所述，品牌定位是从营销学的角度提炼出品牌的特征，并尽量简化信息，使其特征鲜明，从而在消费者头脑中占据一定位置，便于消费者识别、记住、喜爱该品牌，最终购买该品牌的产品。

二、品牌定位的方法

如何为一个品牌定位呢？

艾·里斯的定位理论指出：定位的基本方法不是创造出新的、不同的东西，而是改变人们头脑里早已存在的东西，把那些早已存在的东西重新连接在一起。人的大脑如同计算机的记忆库，它会给任何一个信息选定一个位置并将其保留在其中，人脑的运行原理与计算机十分相似。然而，两者存在一个重要的区别，对存入的信息，计算机只能接受，而人脑却不同，人脑中有一个针对现有信息量的防御机制，它会拒绝接受无法"计算"的信息，而只接受与其内部现状相符合的新信息。其他的东西则一概滤掉。

艾·里斯强调占据第一位的策略，他认为屈居第二位与默默无闻没什么差别。例如大

---

❶ 艾·里斯是美国营销大师，目前是里斯和里斯（Ries & Ries）咨询公司的主席。该公司的主要业务是为众多知名企业提供战略选择服务。其总部位于美国亚特兰大。艾·里斯现担任美国市场营销协会（现商业营销协会）会长以及纽约广告俱乐部主席，还担任Andy Awards俱乐部的主席。1989年，国际市场营销主管授予他"高等营销"奖；1999年，《公关周刊》授予艾·里斯"20世纪最有影响力的100位公关专家"的称号。

（见百度百科词条：GMC总裁论坛）

家都记得世界最高峰是喜马拉雅山的珠穆朗玛峰，但却不知道世界第二高峰。第一人、第一峰、第一个占据人们大脑的公司名称很难从记忆里抹掉。想要"在人们头脑里留下不可磨灭的信息"，你最需要的不是信息，而是大脑，一个纯洁的大脑，一个未受其他品牌玷污的大脑。

就服装品牌来说，它在大脑中引起的是关于人物角色方面的联想。目前，谁也不可能再创立"第一个"男装品牌了，因为市场上已经存在大量的男装品牌。但是，在男装这个大的名称下，还可以筛选出更细致的类别，如男装西服、男装夹克、男士衬衫等，"劲霸"男装品牌就是一个很好的例子——劲霸男装，更好的板型，更好的夹克。从这个口号可以看出，劲霸将自己的产品类别集中于男性夹克这个男性消费频率极大的类别上，使之成为进入消费者头脑中的第一位男装夹克品牌，并且是品质最好的男装夹克。20世纪80年代的中国开始了改革开放，结束了单一的着装观念，人们向往更丰富的服饰品形式，在一片灰蓝色的海洋里，男式夹克的新色彩、新细节、新面料都逐渐被人们接受。那是服装制造业的好时代，是产品为王的时代。劲霸能成就今天的局面，和它第一个以清晰的产品定位进入消费者的头脑有极大的关系。劲霸最早专注于男式夹克，它成为消费者头脑中第一个男装夹克品牌。这种精准的定位持续了三十多年，更使劲霸品牌所占据的位置难以撼动。

再来看看其他几个知名男装品牌的定位：七匹狼、卡宾、汉崇、速写。这几个名字给人的第一印象是极为不同的，它们使用了名词、形容词、外来语等不同语汇，通过比喻、夸张、联想等手法，提炼出不同特点，这就使品牌的目标市场不相重叠，各自在大蛋糕上分得了一块专属自己的蛋糕。劲霸：强调力量，有实力的男人（1980年创立）；七匹狼：强调速度，变化而时尚的男人（1990年创立）；卡宾：欧美范儿的男子（1997年创立）；汉崇：推崇亚洲的潮流时尚——韩国风格（1999年创立）；速写：文艺范儿的男士（2005年创立）。

下面再看看它们的广告语是如何进一步强化这些注解的。

七匹狼广告语：男人不只一面。七匹狼创立时，劲霸已经占据了大部分的男装市场份额。但是，七匹狼的定位策略非常巧妙。它并没有使用狮子、老虎等王者象征物来直接挑战劲霸的霸主地位，而是用"狼"这种以速度而不是力量著称的动物为品牌象征，以"男人不只一面"的广告语来打造与劲霸不一样的男性，暗示男性不仅可以有粗犷、霸气的一面，也可以有敏捷的一面，他富于变化、忠诚、有团队精神。这既肯定了已有的劲霸塑造的男性角色，又区别于劲霸的定位。这种定位策略与七喜的"非可乐"定位策略颇为相似，也与耐克当年挑战阿迪达斯的情形相仿。

卡宾品牌创立时，劲霸和七匹狼已经各自占领市场很多年了。不仅如此，七匹狼的定位——"男人不只一面"，似乎涵盖了劲霸之外的所有男性形象，再去塑造新的男性形象难上加难。卡宾没有正面挑战已有的男性形象，而是强调它是"中国第一个男装设计师品牌"。卡宾注重设计，着重包装"卡宾先生"，强化了"设计至上"的概念与"颠覆流行"

的品牌理念。

　　汉崇品牌则又转换了一个方向，它的定位策略是抓住了新的时尚潮流，并且在两种服装类别中找到了一个中间地带。当时的中国由于受韩国影视作品的影响，刮起了强劲的"韩风"，韩式女装品牌纷纷进入我国市场。但是，市场上还没有一个专门打造韩式男装的品牌，而且它在正装和休闲装之间找到了一个切入点，一个被人忽视的空位置，所以它成为第一个制作韩式男装便服的品牌。汉崇对自己服饰的定义：流行便服。

　　速写品牌是江南布衣推出的一个男装品牌，它的成功不仅仅在于风格独特，它走韩式中性男士风格路线，休闲、精致、文艺范儿，更重要的是它是第一个走高端路线的小资男装，而且是第一个用绘画形式来命名男装品牌的，强调一种有品位的爱好，一种生活方式，给人耳目一新的感觉。它的宣传语也颇有小资风范：在速写的世界里，速写是一种生活形态，一种随意表象下隐藏的理想和发现，速写是发现的尝试，追求卓越，体现细微的变化所带来的改变。速写秉承"生活就是做出选择，时装也是一样"的设计理念，追求"这样也可以……"的生活形态。

　　一旦定位清晰，产品风格就呼之欲出了，产品规划的工作也就可以展开了。产品的每个属性，无不与品牌定位息息相关，如廓型、色彩、面料、图案、细节、工艺、搭配方式等。读者可以通过以下的产品对比表来体会品牌定位与产品风格之间的关系（表2-1）。

三、品牌定位的工具——SWOT

　　品牌定位的案例分析，提供了一种方法和思路，在具体进行定位决策的时候，还可以使用一些营销工具来辅助思考。目前已有的营销工具有很多，SWOT是其中较为容易掌握的一种，以下就着重介绍SWOT分析法的使用方法。

　　SWOT分析法（也称TOWS分析法、道斯矩阵）即态势分析法，20世纪80年代初由美国旧金山大学的管理学教授海因茨·韦里克（Heinz Weihrich）❶提出，经常被用于企业战略制定、竞争对手分析等场合。

　　SWOT分析法，包括分析企业的优势（Strengths）、劣势（Weaknesses）、机会（Opportunities）、威胁（Threats）。因此，SWOT分析法实际上是将对企业内外部条件等各方面内容进行综合和概括，进而分析组织的优劣势、面临的机会和威胁的一种方法。

　　通过SWOT分析，可以帮助企业把资源和行动聚集在自己的强项和有最多机会的地方，也可以让企业的战略变得更加明朗。

---

　　❶　海因茨·韦里克是SWOT矩阵的创始人，美国旧金山大学国际管理和行为科学教授。该方法现在被广泛应用于战略制定领域。他目前的研究领域包括：如何提高企业和国家的全球竞争力、战略管理、卓越管理和全球化领导。
　　（见百度百科词条：海因茨·韦里克）

表2-1 男装产品对比表

品牌名称	品牌产品	产品描述
劲霸		宽肩、厚重、力量感,适合较为强壮、高大、成熟的男性
七匹狼		裁剪合体、细节变化丰富,注重时尚感,适合体型中等、敏捷、灵活的男性
卡宾		裁剪别致、款式前卫、面料质感丰富、色调雅致时尚,休闲风格,适合前卫年轻的男性
汉崇		裁剪修身合体,款式简洁利落,色彩为黑白灰三色,有一种精干的职业性,适合上班族
速写		针织面料的使用,廓型柔软,色调柔和,层次细腻,适合个性敏感、有文艺气质的年轻男士

（一）外部：机会与威胁分析（Environmental Opportunities and Threats）

外部环境分析（O/T分析）主要是通过对影响该业务的各种宏观和微观环境因素的分析，来认识开展此项业务的发展前景、市场潜力、盈利空间以及潜在风险等方面的问题。例如对中老年服装市场的分析，就可能会涉及人口的老龄化程度及其发展趋势；人们收入水平变化及在各种人群中的结构分布；人们生活习惯和消费习惯的变化及其影响因素；本土文化与外来文化的冲突与交融等各方面的问题。通过对这些问题的梳理和分析，才可能找出最有发展前景的市场机会和最佳业务。

同时，外部环境的分析还可能发现业务开展过程中所面临的风险，如原材料供应的短缺；竞争产品或替代产品的出现；市场需求状况的变化；政策的限制；突发事件的产生；甚至自然环境的变迁等都可能会对业务的发展带来影响。所以在进行业务的评价和选择时，一定要对机会和风险进行比较分析，然后才可能做出正确的决策。

（二）内部：优势与劣势分析（Strengths and Weaknesses）

内部环境分析（S/W分析）主要是通过同竞争对手（或行业平均水平）的比较，了解业务单位自身的优势和劣势，以便在业务战略计划制定中扬长避短，突出自身的优势和特色，避免在竞争中遭到失败。例如在中老年服装产品的开发中，产品的功能、系列化程度、穿着的便利性、品牌声誉或是成本价格，都可能成为超越竞争对手的某一因素。企业若能发现自己在某一因素方面所具有的优势，就可能在战略计划中将其列为发展的重点和主要方向，从而形成自身的特色和核心竞争力。

内部环境的分析还应当能够发现业务单位所存在的一些弱点，以便在业务战略计划中有相应的措施予以补救和克服。因为这些弱点往往可能成为竞争对手攻击的主要目标，若不能及时发现、有所防范，往往可能成为导致业务最终失败的致命伤。

外部环境分析同内部环境分析必须要结合起来，这样才能使得业务战略目标和手段变得更为清晰，因为业务单位的优势和劣势都是基于一定的环境条件而言的，环境条件发生了变化，业务单位的优劣势也就会发生变化。将优劣势分析同机会、威胁分析相结合，就能为业务的发展提供四种基本的战略选择（图2-4）。

1. SO 战略

SO战略为积极进取战略。即以企业的优势去把握与之相应的市场机会。在企业的优势同所出现的市场机会相一致的情况下，SO战略的胜算把握会较大。

2. ST 战略

ST战略为积极防御战略。即以企业的优势去应对可能出现的市场风险。在这种风险出现时，其他企业有可能因无力承受而被淘汰，而企业如果在这方面具有优势，则可能因此而获得成功。

3. WO 战略

WO 战略为谨慎进入战略。面对某种市场机会，企业可能并不具有相应的竞争优势，但如果机会的吸引力足够大，企业也可能依然要去把握。只不过通过 SWOT 分析，了解自身在面对机会时所存在的弱点，就能够对此引起足够重视，并能以适应的策略予以防护。只要准备充分、策略得当，也可以取得成功。

4. WT 战略

WT 战略即谨慎防御战略。企业高度重视在业务发展中所可能出现的各种风险，并注意到在面对风险时所存在的不足之处。这样能使企业事先就做好充分的应对准备，当风险出现时，就能从容面对。

企业的各业务单位通过 SWOT 分析法，在四种基本战略中有所选择，就能根据基本战略去制定其业务战略计划。

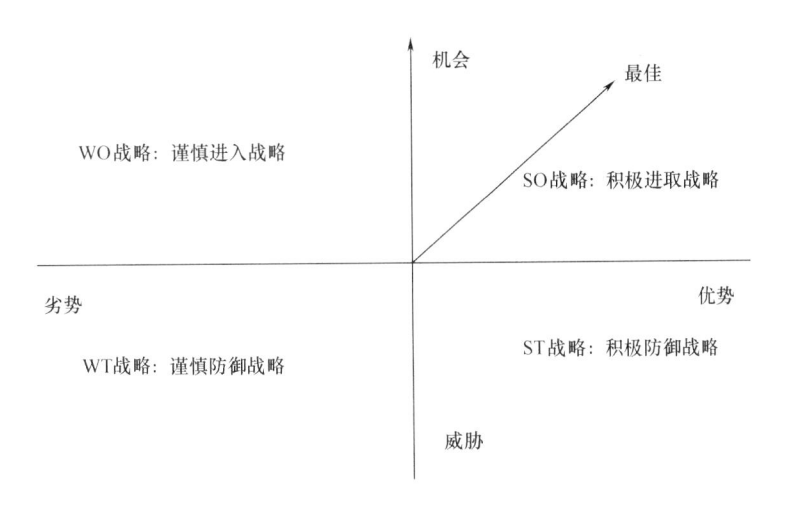

图 2-4 SWOT 四种基本战略

（三）SWOT 分析步骤

- 确认当前的战略是什么。
- 确认企业外部环境的变化。
- 根据企业资源组合情况，确认企业的关键能力和关键限制。
- 按照通用矩阵或类似的方式打分评价，把识别出的所有优势分成两组，分的时候以两个原则为基础：它们是与行业中潜在的机会有关，还是与潜在的威胁有关。用同样的办法把所有的劣势分成两组，一组与机会有关，另一组与威胁有关。
- 将结果在 SWOT 分析图上定位，或者用 SWOT 分析矩阵表，将优势和劣势按机会和威胁分别填入表格（表 2-2、表 2-3）。

表2-2 企业内部资源与外部环境分析

潜在资源力量	现有资源弱点	公司潜在机会	外部潜在威胁
• 有利的战略 • 有利的金融环境 • 有力的品牌形象和美誉 • 被广泛认可的市场领导地位 • 专利技术 • 成本优势 • 强势广告 • 产品创新技能 • 优质客户服务 • 优质产品质量 • 战略联盟与并购	• 没有明确的战略导向 • 陈旧的设备 • 超额负债与严重的资产负债 • 超越竞争对手的高额成本 • 缺少关键技能和资格能力 • 利润的损失部分 • 内在的运作困境 • 落后的研究和开发（Research and Development）能力 • 过分狭窄的产品组合 • 市场规划能力的缺乏	• 服务独特的客户群体 • 新的地理区域的扩展 • 产品组合的扩张 • 核心技能向产品组合的转化 • 垂直整合的战略形势 • 分享竞争对手的市场资源 • 战略联盟与并购带来的超额覆盖 • 新技术开发通路 • 品牌形象拓展的通路	• 强势竞争者的进入 • 替代品引起的销售下降 • 市场增长的减缓 • 交换率和贸易政策的不利转换 • 由新规则引起的成本增加 • 商业周期的影响 • 客户和供应商的杠杆作用的加强 • 消费者购买需求的下降 • 人口与环境的变化

表2-3 SWOT分析矩阵表

项目	内部优势	内部劣势
外部机会	SO 积极进取战略	WO 谨慎进入战略
外部威胁	ST 积极防御战略	WT 谨慎防御战略

（四）品牌战略实例分析

举一个中国广东服装企业 H 利用SWOT分析法得出品牌定位的例子（表2-4）。

表2-4 利用SWOT分析法找到品牌定位

内部能力 外部因素	优势	劣势
	• 在针织女装批发业内排行第一 • 有强大的研发团队 • 有自主研发生产的服装面料 • 产品特色鲜明，以黑色为主 • 有长期稳定的面辅料供应商 • 在全国有庞大的销售渠道 • 企业组织架构完整	• 由于自主研发生产的面料是针织面料，所以产品主要销售季节为春夏季，秋冬季为淡季 • 产品色彩单一，难以结合流行色以增添品牌的时尚感
机会	积极进取战略（SO）	谨慎进入战略（WO）
• 黑色在中国逐渐成为一种经典、时尚的色彩 • 针织面料成为消费者越来越喜爱的服装面料	• 打造黑色时尚的高端零售品牌 • 加大宣传，稳固原有的批发渠道	• 采用外包的生产形式解决秋冬产品生产问题，研发黑色系列秋冬产品 • 在针织面料中加入少量流行色，提亮产品色彩

续表

威胁	积极防御战略（ST）	谨慎防御战略（WT）
• 由于目标消费群的老龄化，年轻消费者逐渐成为市场主力 • 国内存在部分抄袭、跟风的问题 • 国内已出现专做黑白时尚服装的高端品牌，如 LAPARGAY	• 研究新的消费者的需求，建立消费者研究数据库，挑战产品细节 • 加快产品更新速度，申请面料技术专利，提高产品品质，增加抄袭者的成本压力 • 与现黑白品牌形成差异化定位（在目标人群、价格、产品风格等方面）	• 秋冬季开发采取保守策略，减少资金投入 • 在黑色产品系列的基础上研发深色系列产品

第三节 产品定位

服装产品设计不是简单地画服装效果图，而是全面地构思、选择、组合、规划、实践的过程。服装产品在设计过程中受到众多因素的制约。服装产品定位强调的是整体配合和选择最佳组合方案。通过对定位对象的研究，找到符合企业自身特点的定位方向非常重要。准确的产品定位，可以使设计从盲目性、简单性、模式性向目标性、规范性、合理性方向发展，使企业目标明确、保持特点，并能够拓展新的市场份额，创造新的机遇与利润增长点。

产品的定位是指产品相对于竞争对手在消费者的头脑中所占据的位置。如果人们感觉某种产品与市场上的另一种产品十分相像，那么消费者就没有理由去购买它。产品定位的内容包括目标消费者的定位、服务的定位、产品类型的定位、产品设计风格的定位、产品产销方式的定位、产品工艺品质的定位等，通常需要企业负责人、设计部负责人和营销部负责人共同参与、讨论确定。

产品定位的过程就是通过市场调研，分析消费心理、消费层次，认识企业自身特点，制定相应的战略目标，从而找到产品与消费者之间的切入点，确定相应的产品形式，做到有的放矢，使产品适应目标消费群的需求，从而引发购买欲，达到消费者满意、企业获利的目的。制定相应的可行性方案，做到定位准确是产品获得市场的基础，因此，在新产品开发之前必须完成这个极其重要的任务。

一、目标消费者的定位

消费者是企业服务的对象，他们是产品价值实现的终端。因此，可以说对目标消费者的定位决定了企业所有问题（包括经营问题、设计问题、生产问题、销售问题、管理问题等）的最终指向。所以，本环节是龙头，也是根基所在。

要在激烈的市场竞争中取胜，企业必须以消费者为中心，从竞争对手那里赢得顾客，进而通过让渡更多的价值给顾客以留住忠诚顾客并吸引新的顾客。不过，企业必须首先了解消费者的需求，才能使他们满意。所以，正确合理的产品定位，需要对消费者进行认真的分析。企业不可能将市场中所有消费层都定为目标消费者，对所有消费者都采用一刀切的办法是行不通的。消费者的种类众多，他们需要的产品类型千差万别。例如，一些企业在服务于某些特定子市场方面占据更有利的位置。所以，每个企业都必须对整个市场进行细分，从中选择最佳的细分市场，然后制定战略，使自己能够比竞争对手在为选定的细分市场服务时获得最大的利润。

对目标消费者的定位过程也就是企业选择细分市场，并决定自己在这些细分市场中要占据什么"位置"的过程。在这一过程中，可以采用不同的定位标准，也可以将不同的定位标准组合在一起，更为细致地描述消费对象。

（一）性别对象

由于男性和女性对服装的需求有明显的差异，所以性别的区分是服装产品对象定位的常用标准。

（二）年龄结构

确定目标消费者所属的年龄范围，是婴儿、儿童、少年、青年、中年、老年还是其中范围更小的特定年龄段。消费者的需要和欲望随年龄的增长而变化，为不同年龄的群体提供不同的设计和服务是非常必要的。目前，国内竞争最为激烈的是青年市场，其他市场还有空间，尤其是少年市场和老年市场。因此，另辟蹊径，有可能更容易取得骄人的成绩。

（三）职业特点

确定目标消费者的职业，是科研人员、教师、公务员、律师、企业家、工人还是农民，是经常在室内工作还是在户外工作，是体力劳动还是脑力劳动等，这决定着一个消费阶层的生活习惯及消费方式。

（四）经济状况

消费者的收入水平是其购买力的决定性因素。目标消费者经济收入的高低决定着企业对产品价位的确定。

（五）文化程度

由于消费者受教育的程度及文化层次不同，审美方式、审美情趣也有一定差异，对设计产品的时尚性以及形式感也有不同程度的认可。因此，文化程度的高低对产品设计的定位起着非常重要的作用。

（六）个性气质

个性是带有个人倾向的、本质的、比较稳定的心理特性的总和，包括兴趣、爱好、能力、气质、性格等因素。消费者的个性不同，对服装的态度、购买行为和接受新产品的能力也不同。

（七）文化习俗

了解各地区人们不同的风俗习惯、宗教信仰等传统文化模式，有利于针对不同的习俗进行设计，从而使设计能够既带有时尚气息又适合当地的审美习惯。

（八）生活方式

生活方式是上述各个因素的总和。消费者对服装的兴趣受到他们生活方式的影响，他们购买的服装也反映了他们的生活方式。

对于目标消费群划分的准确性，决定了产品设计的有效性。现代的服装产品竞争越来越激烈，各品牌的目标消费市场划分得越来越细致，导致各品牌定位之间的差异越来越小。因此，对消费者更为深刻而准确的理解则是一个品牌成功的关键。对于设计师而言，能品味出这些品牌的细小差异是他的功力所在。

比较一下三个风格路线类似的品牌 Only、Mango 和 Miss Sixty。它们都有广受消费者喜爱的时尚女装系列，但是，细细品味，它们所塑造的依然是不一样的女性群体。从著名女装品牌 Only 某个阶段的形象广告中我们可以看出，相对 Miss Sixty 而言，它在这个阶段的风格更休闲、更简洁，有点学生气息，色彩含蓄，选择它的消费者多带有一丝中性、硬朗的气质（图 2 – 5）。Miss Sixty 的风格更为性感时尚，色彩更娇艳，款式更复杂，选择它的消费者带有更强烈的性感魅力和活力（图 2 – 6）。Mango 的风格则更为成熟，色调更含

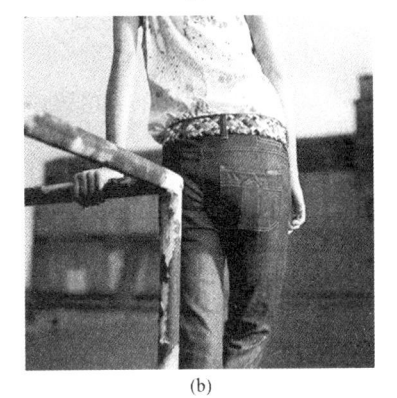

图 2 – 5　著名女装品牌 Only 的形象广告

蓄一些，选择它的消费者带有一丝慵懒的气质。

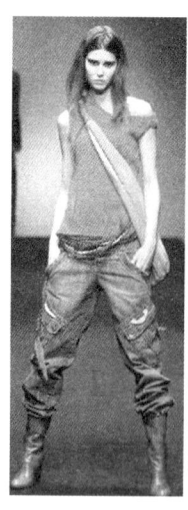

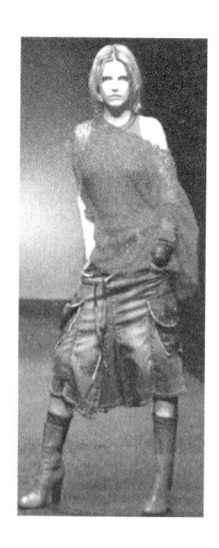

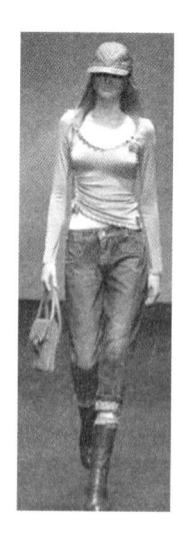

图 2-6　著名女装品牌 Miss Sixty 的服装

二、服务的定位

服务是由活动、利益或满足组成的用于出售的一种产品形式，它本质上是无形的，对服务的出售也不会带来对服务的所有权。企业向市场提供有形产品和无形的服务。

服务的定位来自企业家对本企业的最初构想。在进行服务定位时，企业必须考虑服务的四个特点：无形性、不可分性、可变性和易消失性，如图 2-7 所示。

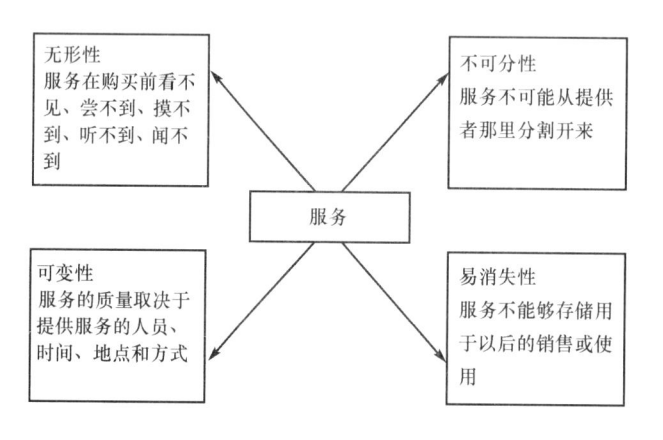

图 2-7　服务的特点

随着近年价格竞争日趋激烈，营销人员经常抱怨很难将其服务与竞争对手的服务实现差异化。在某种程度上，消费者将不同提供者的服务视为相近的，他们更关心的是价格，而不是服务由谁提供。解决价格竞争的出路就在于发展差别化的提供物、提供方式和形象。提供物可以包含创新特色，以使本公司的提供物区别于竞争对手。

对于服装企业来说，服务的定位与形象定位、产品类型定位紧密相连。例如零售服务定位，中低档的休闲服装企业零售店里的服务员是愉快、忙碌而积极的；对高档服装零售店的服务要求则完全不同，这里的服务员应该更为细致、耐心、体贴、优雅、稳重。显然，两者的形象定位与产品类型定位不同，消费者对于两者的服务期望也是不同的。

三、产品类型的定位

（一）产品档次的定位

产品档次的定位包括高档、中档和低档。档次的确定有利于设计师在面料的选择、生产工艺的难易程度等方面做出判断，有利于经营者确定品牌价值与价格，并通过比较进行定位选择，也便于设计师更为准确地设计出符合某一特定档次消费层需求的产品。

（二）产品批量生产的定位

产品批量生产的生产量要根据特定地区消费能力、人口流量、经营策略、营销地域以及产品的市场占有率等因素来确定。批量的大小与产品档次往往成一定的比例关系。一般来说，最高档次的产品往往数量极少，如量身定制的高级时装，定制一件要几万美元，且只允许制作一件；中档次的产品数量很大，因为中档消费层的人口数量很多，消费需求较大；低档次的产品价格低，利润薄，竞争激烈，但销量极大。

（三）产品品种类型的定位

产品品种从性别上分男装、女装；从年龄上分婴儿装、童装、青年装、中年装、老年装等；从面辅料上分机织类、针织类、毛织类、牛仔类、棉衣类、羽绒类等（一般机织类不一定包含牛仔类，针织类也不一定包含毛织类）；从穿着部位上分内衣类、上衣类、裤类、裙类等；从穿着场合上分正装、休闲装、制服、运动服、婚礼服、晚礼服等。

产品品种类型的定位往往根据企业的目标消费者定位和生产加工资源而定。

四、产品设计风格的定位

在各种工业产品和艺术产品中，服装的设计风格以广泛性和多变性著称。在服装的历史发展过程中，出现了诸多形态的服饰。进入现代，时尚的本质更是以强调风格设计为核心。在比较两个品牌时，通过分析两个品牌在服装风格上的细微差别，从而判断两个品牌的目标消费者的细微差别。因此，产品风格的形成，是通过组合视觉和触觉所感受的综合体验，来满足目标消费者的需要。这是一项非常复杂的工作，必须由有多年经验的设计总监来把握。产品设计风格包括色彩风格、面料风格和款式风格。

（一）色彩风格

色彩风格是指整体产品的组合色调，而并非单个颜色。无论流行时尚如何变化，成功的服装品牌都具有自己独特的色彩风格。当然，色彩风格并非一成不变，它根据消费者的需求而做微妙的变化和调整。

品牌一旦建立，就有了相对固定的色彩形象，因此，品牌产品初上市时的整体色彩企划非常重要。每一个品牌的色调必须有某种特点，才能给消费者留下深刻的印象。最初的色彩形象和以后每季的色彩形象有内在的联系和微妙的变化。品牌色彩风格是在商品企划过程中，经过多方面的调查、研究和思考才确定下来的，它反映了目标消费者的喜好，并塑造了品牌独特的形象。色彩在此塑造了品牌的第一视觉形象，不少品牌就是在出售这种色彩形象。这种形象可以是动感的、典雅的、活泼的、休闲的、反叛的等。

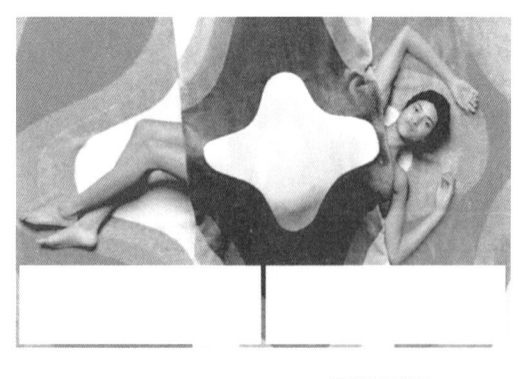

图2-8 著名品牌贝纳通将自己的色彩风格定位为具有冲击力和挑战力量的鲜明色调

如贝纳通（Benetton）品牌的色彩风格是比较饱满的鲜纯色调，充满活力和动感，塑造了一种具有视觉冲击力的年轻、现代的品牌形象（图2-8）；卡尔文·克莱恩（Calvin Klein，CK）品牌的色彩风格则是中性含灰色调和黑白色调的组合，简洁干净，表达了社会中高阶层的精致生活方式；Kenzo品牌的色彩风格带有东方色彩的华丽和娇艳，满足了欧洲消费者对东方文化的向往。

案例：高田贤三（Kenzo）

故乡和巴黎两种截然不同的情感交织是高田贤三不同常人的灵感来源。他始终以巴黎为设计对象，而东方文化的影响也会不时地得以流露。这种风格在他事业的开始时就形成了。1970年，摆放在他第一间专卖店日本丛林（Jungle Jap）里的服装与大街上人们穿着的服装可以说是风格大相径庭。他加宽了袖口，改变了肩膀的形状，使用的是全棉织物。和服设计中的平面理念在他的设计中随处可见。然而，高田贤三的风格很快被人们接受，这种风格的产品成为抢手货。他设计出的像万花筒般变幻的色彩和图案更是令人叫绝，故被人称作"色彩魔术师"。

高田贤三擅长运用色彩，对于颜色的使用非常精准，也因此塑造了 Kenzo 鲜明易辨的形象感。要让鲜艳亮丽的红、绿、橘、黄、紫等高饱和度的色彩同时出现在一件服装中，设计出各色彩最恰当的比例，又不流于俗气，这个分寸的确不易掌控，高田贤三的设计功力可见一斑（图 2-9）。

图 2-9　高田贤三和 Kenzo 品牌极具东方风格的艳丽色调

（二）面料风格

面料风格是指整体产品的面料组合风格，包括面料的原料类型、织造风格（手感、肌理等）、图案风格等（图 2-10）。这里讲述的是感性的方向，具体的面料规划将在第四章中探讨。

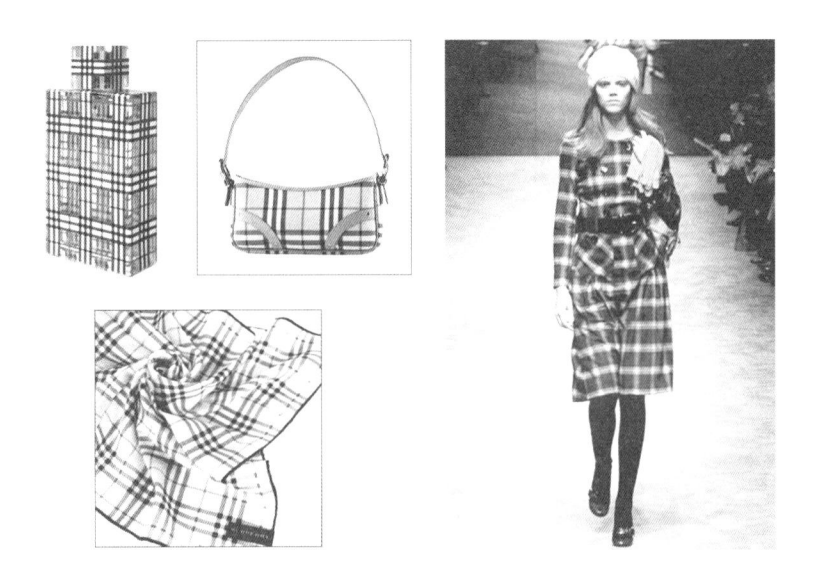

图 2-10　巴柏丽（Burberry）具有浓郁苏格兰风情的格纹图案是其最鲜明的外观特点

一个特定的品牌往往有特定的面料风格，如年轻休闲品牌多使用全棉或含棉在 60% 以上的面料，面料手感倾向于舒适、柔顺，即使会在每季加入少量流行面料进行搭配，但总体的面料风格不会改变；某些前卫的少女时装品牌则会使用轻薄、闪光的化学纤维面料作为品牌的面料特色，并将此风格延续在每季产品里，只是随着流行而改变颜色和图案。因此，设计总监需为本品牌的目标消费者选择一种最合适的面料风格，借以恰当地表达目标消费者的生活理念。

每一种面料都有自己不同的"表情"，甚至是同一种面料，也会因为使用的方法不同而展现出多种风情。

案例：三宅一生（Issey Miyake）

三宅一生设计工作室（Mdsmiyake Design Studio）由三部分组成：设计室、工作室和管理部。在设计室，每个人负责自己的研究课题。与此并行，工作室的打板师开始为他们打板，构建服装的结构。一般来说，三宅一生会提前12~18个月确定下一个季度的主题与基本想法，这个主题是每一位成员想法的组合，然后再由每位成员去寻找最适合这个主题的基本材料。"可以是传统的和服、绘画、印度面料或者摄影……当我们找到一定数量的元素后，我们才能决定将使用的面料以及生产机器。从我的角度而言，我们必须从最成问题的面料制作开始。在日本，很难找到能够织造出我们想要的面料的人，因此，从织布开始是我们唯一的办法。"三宅一生这样阐述。

面料对于三宅一生而言是如此重要，最终他将美和技术完美地结合在了一起，这种结合最终促成了他在商业上的巨大成功。Pleats Please 产品系列诞生于1993年，包括T恤、毛衫、轻如羽毛的外衣、裤子。从1993年3月至1997年3月，68万件该系列服装成功地销售一空。他所创造的这种褶皱服装可以随意一卷或捆绑成一团，不用干洗熨烫，随时可以打开再穿，其外观不受丝毫影响，依旧如新。

三宅一生的褶裥是在日本传统服装基础上对现代服装流行内涵进行了新的剖析后的全新尝试。这种褶与平时所见的百褶裙的褶有很大不同，体现着新科技与新材料对传统服装的突破。其原料是涤纶，采用的工艺并不是常见的方法，从一大块已打褶的面料上剪下裁片，再拼接缝合而成，而是用机器压褶时就直接依人体曲线或造型需要调整裁片与褶痕。这种衣服平放时，本身就像雕塑品一样呈现美丽的立体图像，当穿上身时，又与身体结合形成流畅的波纹，一举一动都传达出完美的韵律。

"我总是闭上眼睛，等织物告诉我应该去做什么。"三宅一生说。

那么，"一生褶"最初产生的灵感是什么呢？三宅一生说："我一向都喜欢古典舞和现代芭蕾舞，因为我觉得这是一种（动作）演绎的至高境界。动作的意义亦可延伸至生命。所以很自然的，我便会想到舞者的穿着方法。他们不单是举手投足特别优雅，其擅长的表演艺术更需要他们完全地去释放自己的不羁。由于这种动作艺术跟他们的身体关系密切，但又要求有百分百的自由度，所以我相信这种印有密密麻麻褶子的衣物，应该可以替代传统的紧身衣，给艺术家自由的演绎空间（图2-11）。"

图 2-11 三宅一生及其作品

在这个案例中，三宅一生提出一种非常独特的理念，就是要用特别的工艺使面料释放人体。

(三) 款式风格

款式风格一般是指服装的线条风格，包括轮廓线条、结构线条与装饰线条。款式是变化最多、设计最敏感的部分，但无论怎么变，一家成功企业的服装产品的款式风格总是一致的，并且与目标消费者的品位一致。每一个品牌往往有自己相对固定的款式风格。著名品牌迪奥的款式风格以 X 造型为主要特色，秉承了创始人克里斯汀·迪奥（Christian Dior）的新风貌（New Look）的线条特征，性感而富有女性魅力；另一著名品牌夏奈儿基本上以直线条套装为它的经典款式风格，只是每季在色彩、面料、图案及搭配上大做文章（图 2-12）。国内知名品牌例外以大胆的结构线设计竖立了自己独特的前卫品牌风格。这种风格在我国服装市场上独树一帜，复杂而变化多端的款式设计与含蓄低调的色彩配合默契。无论每季设计多少新产品，这种富有品牌特色的款式风格不会也不应该轻易变化。

图 2-12 夏奈儿的款式风格：H 外形，利落雅致

五、产品产销方式的定位

产销方式指产品的生产方式和销售方式。

生产方式包括独立生产、委托加工和部分委托加工三种形式。生产方式的确定需要明确生产的机器设备、规模、材料的供应渠道是否畅通,各工段人员是否配备,员工掌握技术的水平及素质是否达到一定标准,流水工艺是否合理,质检标准及手段是否科学规范等。这些都是保证生产完善的必要条件。

销售方式一般包括批发与零售(商场专柜或专卖店)两种形式(图 2 – 13 ~ 图 2 – 15)。产品销售的好坏以及营销战略制定的是否成功,直接影响着设计的成功与否以及是否对系列产品进行再投入。因此,制定科学、先进的营销策略是产品成功的要素之一。

图 2 – 13 批发:广州白马服装市场

图 2 – 14 零售:犁人坊服装品牌专柜

图 2 – 15 零售:例外服装品牌专卖店

六、产品工艺品质的定位

质量是企业生存的基础,也是品牌形象的可靠保证。恰当的质量标准是根据产品档次定位而确定的。质量太差,损害消费者利益,影响企业信誉。但并非质量越高越好,高质量意味着高成本,不能盲目地追求与本企业产品档次、生产实力不符的高质量,恰当的质量标准既维护了消费者的权益，也保护了企业自身利益。

七、产品规格的定位

产品规格定位是根据各地区、各种族在身高、体型、消费习惯等方面的不同，对该地区某个消费群进行普查和抽样调查，求得相对合理的人体理论数据，以确定服装产品规格的过程。

思考与练习

1. 服装市场调查主要包括哪些内容？
2. 请选择某品牌或某产品进行调查。
3. 什么是品牌定位？
4. 请选择四个著名品牌，比较分析其定位策略。
5. 请调研一个实际的服装品牌，用SWOT分析法为其定位。
6. 服装产品定位主要包括哪些内容？
7. 请对模拟服装品牌进行产品定位。

第三章　灵感与主题

本章要点：通过本章学习，学会流行元素的搜索方法和流行预测方法，理解灵感来源的技巧；掌握主题设计和设计元素的提炼与运用。

在理性地建立产品架构之前，设计师渴望着新的灵感光临他的心灵。如果说产品架构是骨架，那么灵感就是灵魂，主题设计则是经脉，设计元素就是充实于其中的血肉。永葆青春的品牌有赖于源源不断的灵感，设计团队期待与众不同的主题，设计师们则像猎人一样追逐着新的设计元素。这三者是设计工作中不断变化的部分，极富魅力。

为了获取灵感，搜集大量的流行信息成为设计师必做的工作；为了制定好的主题，设计师要把灵感转化成可感知的语言（文字和图像等）；为了设计出新的设计元素，设计师须再次投入到流行信息的海洋中去，不断地感受、吸收和创作。

第一节　流行元素搜集

灵感来源多种多样，而每季的流行元素则是培育灵感的富饶土壤。

"流行"在《仙童英汉双解服饰词典》里被定义为"一种盛行于任何人类团体之间的衣着习惯或风格。它是一种现行的风格，可能持续一年、两年或更久的时间。"

流行是文化潮流按一定规律循环交替成为主流的现象，从审美心理上来讲，这是人类追求新鲜感的本性所致。随着时尚文化的发展，消费者和服装制造商之间逐渐形成了一种默契的节奏：对流行的推动。在整个流行的环节中，制造商、媒体及消费者结合成了稳固的三角组合，互为动力。制造商从消费市场中取得需要的信息，加以设计；媒体根据制造商提供的信息进行宣传；消费者从媒体中得到消费指引，如此循环。

流行是一种社会现象，并非设计师个人能够操纵的。作为服装设计师，除了应具有设计思维和创作能力以外，还必须准确把握流行动向。无论一名设计师富有多么精湛的技艺或设计才华，若他的设计不符合时尚潮流则将功亏一篑。因此，服装设计师应该始终处于时尚潮流的浪尖，将自己的精神生活融入现代社会生活的方方面面，密切关注世界政治、经济和文化生活的变化及影响服装流行的要素：不管是重大的外交活动还是体育赛事，或者某部影视作品，都有可能带来时尚的新潮流。所以，设计师应是现代社会生活的积极参与者。

流行元素为新产品开发提供了风向标。因为流行具有延续变化性，在上一年该季流行的色彩、面料、细节，在新的一年里会以相应的方式稍加变化出现在大街小巷，但是变化的方式难以预料，这就需要服装设计师对潮流的走向有高度的预测能力。

那么，在预测之前，先来了解一下怎样获取各种流行信息。

一、获取流行元素的渠道

流行元素渗透在众多渠道中，有来自行业内部的专业流行发布，也有暗含在众多社会生活层面中的反馈信息。

（一）时装发布会

每年，世界五大时装中心（巴黎、伦敦、米兰、纽约、东京）会按照春夏和秋冬两季发布最新的高级时装和高级成衣的流行趋势。每一季流行的主题（色彩、面料、装饰、风格等）由一些设计师和行业组织沟通之后共同决定，再分别以设计师的个人理念进行演绎。这些发布会对全球时尚热点的转移有着决定性的影响力，是流行的风向标，也是其他设计师汲取设计素材的主要来源。

（二）专业权威组织机构的预测

世界权威组织流行预测机构和我国流行趋势研究机构每年都会发布18个月后的主题趋势预测，该预测涉及的内容主要有色彩、织物、风格、款式方面的新主题。这些信息属于设计型商品，企业可以将其中的创意按照自己的需要加以改造或直接用于生产。

（三）时尚媒体

法国著名的思想界的先锋人物、著名文学理论家和评论家罗兰·巴特（Roland Barthes）说过："打开任何一本时装杂志，眼前所看到的就是两种服装：意象服装（摄影或时装画）和书写服装（用语言描述出来的服装），它们都与真实的服装有一定的距离。"[2] 事实上，绝大部分消费者不可能接触到流行服装产生的真实过程，包括从最初理念的构思到技术的实现。他们所面对的杂志、电视上的时尚信息和商场里五光十色的商品就是流行服装的全部。因此，"在我们的社会里，时装流行在一定程度上要依靠传媒的作用。"也就是说，市场和媒体担负着重塑时尚面貌的工作。

媒体在传播每季新发布的服装图片时发挥了丰富的创造力，组合设计出新的穿着风格和方式，并用富有感染力的词汇进行渲染。忠实的时尚消费者兴高采烈地追随着传媒，以尝试最新的风格。作为设计师，为了保持新鲜的时尚意识，为了了解消费者的时尚心态，也需要经常关注时尚媒体对装扮风格的引导。

1. 国内外部分重要专业报刊

欧美最为著名的消费型时尚杂志包括《服饰与美容》（Vogue）、《世界时装之苑》（Elle）、《嘉人》（Marie Claire）等，以介绍最新的时尚信息、传播时尚艺术为主。这些媒体实力雄厚，拥有一流的时尚编辑、摄影师和模特组成的工作团队，每期奉献给读者艺术品般的时装大片和流行趋势引导，吸引着成千上万的时尚追随者。相对而言，亚洲时尚媒体更加贴近大众，不仅有创意，而且实用。例如日本最著名的时尚杂志《昕薇》（Vivi），以搭配价格的形式提供给读者穿着参考，所介绍的时装均能购买到，哪怕是从昂贵的高档品牌时装中得来的搭配灵感，也可以有相似的服装代替，是非常实用的流行指导杂志。目前国内的时尚媒体发展非常快，以《时装》《上海服饰》等为代表的众多刊物风格明确、信息丰富，具有很高的参考价值。《服装时报》等时尚报纸则体现出信息及时以及与企业更为贴近的优势，对了解国内外市场动态、掌握行业发展趋势有很大帮助（参见附录1）。

2. 国内外其他媒体

除了平面媒体外，还有众多便利的传媒方式可以用来获取信息。例如电视媒体，法国著名的时装频道Fashion TV全天滚动播出最新的时尚信息；一般综合娱乐性电视频道也会有一些制作出色的时尚类节目，经常介绍成功的、有特色的品牌或者服装设计师以及各种流行的装扮方式等。电影、音乐录影更是孕育流行的温床，娱乐界的明星们通常扮演着时尚引领者的角色。

网络，这个20世纪90年代后崛起的强势媒体，集即时性、多媒体格式、可收集性、互动性等多种优势于一身，通过不同的网络平台，可以查阅需要的图文资料，观看时尚发布会的媒体视频录像，或者在专业论坛交流经验、进行电子商务等。

二、对流行元素的应用

（一）筛选

虽然流行的浪潮席卷世界，但是并非所有流行元素都可以用在一个服装品牌中，因此用沙中淘金来比喻对流行元素的筛选一点也不为过。对于初入行的年轻设计师来说，大量的流行信息像轰炸机一样对他的眼睛和大脑不停地进攻；而对于有经验的资深设计师来说，在流行的大海中，他早已练就了敏锐的目光，很快就能发现可以为他所用的珍珠。

（二）消化

筛选出来的流行元素，也不能毫不修改地照搬到自己的设计中，因为服装企业的产品只针对特定的消费者群，所以对选出来的流行元素，应加以分解、重组，以符合本企业风格以及本企业目标消费者的品位（图3-1）。

（三）创新

通过对流行元素的筛选、消化和吸收，设计师有可能创造出新的设计元素。这种设计元素可以是由现有的流行元素转化而来，也可能表面看起来与流行元素毫无联系，甚至有可能引发新的潮流。这都是由于设计本身带有的偶发性、不确定性、非理性和创新性造成的，这也是设计工作最大的魅力所在，即创造新的流行。

图3-1　D&G的春夏时装秀将当年流行的田园风与自己的品牌风格进行结合

第二节　流行预测

流行似乎是任性而无序的，也是难以预测和把握的。罗兰·巴特说过："神话再一次把现实颠倒过来：流行是一种秩序，去制造一种无秩序。"还有观点认为，流行与过时一直都是由设计师决定的，近300年以来，巴黎设计师以不容拒绝的方式将流行时装传播到世界各地。当设计师将腰线变宽，宽腰线便流行起来；反之，窄腰线又成为流行的重要元素。然而，早在一个世纪以前，有人便已观察到："演化不是一种力量，而是一种过程。"大多数的新流行在本质上是演化而来的，所以对流行进行预测并非是天方夜谭，因为一切都有迹可循。

在对丰富多彩的流行元素进行收集和筛选之后，再对新季度进行流行预测是非常必要的，这不仅使下一季度的设计有了针对性，更会提高未来产品的销售额。

一、服装流行预测的概念

服装流行预测即运用一定的方法，根据一定的资料，对服装未来的发展趋势进行科学和理性的判断与推测。它是在对过去的一段时间或长期的经济、政治、生活观念、市场经验、销售数据等进行专业评估的基础上，对今后一段时间内的服装流行现象进行有根据的预见性评价。在服装产业内，流行预测是由专门的流行预测机构（流行研究中心、服装行业协会等）、品牌服装企业内的企划部和流行分析专家等发布的。

二、流行预测的类型

（一）按照预测时间的长短划分

1. 长期预测

长期预测多指一年以上的预测。例如国际流行色协会（International Commission for Color in Fashion and Textile）发表的流行色比销售期提前 24 个月，《国际色彩权威》（International Color Authority）杂志每年发布早于销售期 21 个月的色彩预测，美国棉花公司（Cotton Incorporated）市场部发布的棉纺织品流行趋势比销售期提前 18 个月，英国纱线展的发布信息早于销售期 18 个月。这类预测大多是有关流行色、纱线和面料的预测。

2. 短期预测

短期预测指一年以内的预测。例如，巴黎、米兰、伦敦、纽约、东京、香港、北京等时装中心的服装展示会，包括各服装企业举办的流行趋势发布和订货会以及各大型商场的零售预测。

流行预测的时间分类如图 3-2 所示。

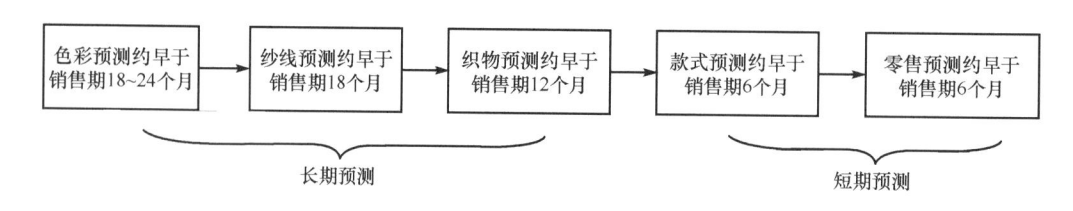

图 3-2 流行预测的时间分类图

（二）按照预测范围的大小划分

1. 宏观预测

宏观预测一般指大范围的综合性预测。这类预测对同一地区内的所有商家都具有指导意义，如国际流行色协会的色彩预测、中国流行色协会的色彩预测等。

2. 微观预测

微观预测可具体到不同服装产品类型的预测，如内衣产品预测、西装产品预测、风衣产品预测等。

（三）按照预测方法的不同划分

1. 定性、定量预测法

对预测对象的性格、特点、过去、现状和销售数据进行量化分析，推测和判断产品未来的发展方向。预测前，必须进行广泛的市场调研，在分析消费者与预测对象相关联的各个层次的基础上进行科学统计预测。这类预测科学、细致、准确，但预测的成本较高，适合中、小国家的流行预测。例如，日本的流行预测机构就经常采用定性、定量预测法。

2. 直觉预测法

聘请与流行预测有关的服装设计师、色彩专家、面料设计师、市场营销专家等有长期市场经验的专业人士凭直觉判断下个季度的流行趋势。参与流行预测的人士，必须具有丰富的市场阅历和经验，有高度的分析和归纳能力，对市场趋势具有敏锐的洞察力，有较高的艺术修养和客观、准确的判断能力。例如，总部设在巴黎的国际流行色协会的色彩预测采用的就是直觉预测法。

三、流行预测报告

流行预测报告的目的在于为设计作参考，同时通过流行元素的组合，为新季度产品开发提供灵感。流行预测报告需要敏锐的分析与新闻报道的技巧。通常这项工作由设计总监完成。一名成功的预测者不但应该注意到发生了什么事（What），同时也要留意到某个趋势或某一风潮为什么会产生（Why）、谁（Who）在引导风潮、在哪里（Where）可以探索到共同的特性，以及如何（How）将种种发现整合成最终可执行的计划。

针对市场的定质或定量评估，是流行预测部门经过严谨的论证后得出的心血结晶。每一个季度产品开发之初，所有的服装自主开发商都站在公平的起跑线上，大家怀抱着依据自己判断、猜测及预估混合而成的最佳设计方案，信心十足地期望能够在本季度中满载而归。现在探讨一下推导出流行预测报告的具体思路过程。

有效的流行预测报告应该具备下列内容：

（一）确认流行要素

一份专业的流行预测报告必须针对本企业的目标市场进行精确分析与预测。审视国内外数量众多的服装，对外行人而言，或许是充满刺激的新鲜体验，但对于专业人士而言，却无异于一场严峻考验。流行趋势的审视辨别能力，可以通过下列五个流行要素的确认加以培养。这五个要素分别是：轮廓、面料、色彩、服装的细节与风格（图3-3）。流行预测报告的实质内容，就是针对这几个问题提出解答。

图3-3　秋冬德国色彩流行趋势概念图

1. 轮廓是什么

学会用抽象的几何名词或字母来概括形容服装的外部廓型，如A型、S型、H型、O型等。服装轮廓由许多不同形状组合而成。轮廓是设计的第一步，也是其后工作的根据、基础与骨架。让设计师、制造商、零售商及消费者心中念念不忘的关键流行特质就是轮廓。它是所有服装产品的基础，也是促销活动的焦点。

2. 面料是什么

面料就是设计师用来制作服装的材料，面料的流行从纤维、织法、手感、重量、花样、后处理等方面进行变化。对流行面料的描述往往着重于其中一个亮点。例如，某一年水洗棉非常流行，那么预测报告中就应着重对各种流行的水洗效果进行描述，提醒设计师对这方面加以重视。

3. 色彩的含义是什么

在流行预测报告中讨论色彩时，必须精确描述其含义与强度。它不应该只是蓝色——到底是亮蓝、矢车菊蓝、法国蓝、普蓝、天蓝、海蓝、草莓蓝、藏青、碧青，还是墨水蓝；也不应该只是红色——到底是粉红、水红、玫瑰红、桃红、砖红、橘红、大红、朱红还是棕红，凡此种种，不胜枚举。当季的流行色彩，到底是灰暗还是明亮、混浊还是清澈、亚光还是有珍珠光泽、透明还是不透明的，这些色彩的特质都必须有精确的描述。虽然某个色系几乎在每一季都会见到其踪迹，但是其色调必定有所变动。例如，每一季都会有红色，但这红色可能是正红、橘红，带蓝光或褐光的红等。

例如，2005年国际大兴运动风格，Kenzo紧紧抓住了这个风潮，把流行的运动元素纳入自己的系列产品中，它的这个系列将运动感的条纹和格子图案与其一贯的华丽花卉图案完美地结合在一起，设计构思非常巧妙（图3-4）。

图3-4　Kenzo品牌将流行色与自己的风格很好地融为一体

4. 该注意哪些细节

有些季度的产品非常重视细节设计，但也有些季度的产品会全然避免任何装饰，这种转变，应该仔细加以检视。每一季度都有其细节，只不过有明显与不明显之分。每一季度的颈线、袖子、腰线、裙摆、口袋、腰带、绣花、褶裥、纽扣、缝饰、垫肩、折边、蝴蝶结等，都或多或少有所改变。流行预测报告应说明这些细节如何变化。不断重复出现的特定细节，即代表每个类别消费者的特定消费需求的关键所在。例如，某季度流行圆形的扣子，那么它就会成为当季的流行焦点，会被极尽所能地运用在衬衫、裤子、裙子、背包、帽子上，它甚至会影响到流行风潮。

5. 风格是什么

综合所有的流行要素，服装就会呈现出一种特殊的面貌，这就是服装的风格。身为流行趋势预测者，除了留意分析款式、面料、色彩、细节外，还要捕捉当下你所看到的服装的整体印象。它可以是十分明显的"花花公子风格""军人风格""乡村风格""宫廷风格"等,也可以是一种混合的、难以诉诸文字的风貌。在我国,近几年来曾经流行的风格有"波西米亚风格""中性风格""韩国可爱风格""街头休闲风格""运动休闲风格"等。

(二) 观察共同特征

要掌握趋势变化,请留意单一元素的重复出现情况。在休闲服或套装上,是否一直可见亚麻的踪迹?在衬衫或大衣上,是不是一直有扣子或领子?要不断发问,这一季的流行特色是在于颜色、面料、款式、某个细节特征还是一种新风格?指出系列服饰中处处可见的共同特色。把同样的观察练习应用到街上随处可见的流行服饰中。人们将流行风貌加以消化组合而形成个人风格,其实正如同付诸成形的设计师作品一般,都是流行趋势的标志。

(三) 根源分析

流行预测者除了了解流行的信息外,还应了解形成一种趋势的原因是什么,流行不会不合逻辑,也不会毫无章法,而是会有一种因果关系。只要努力分析所发生的事情,就可以发掘其中的真相。例如,现在大多数人都喜欢积极、活跃的生活方式,因此,那些移动方便的商品跻身畅销商品之列就不足为奇了。设计师应该针对这种受行动导向的服装购买趋势,进而采取各种应对措施。再如,现在流行的服装讲求的是功能,而不是繁复的装饰,这是否是受目前的经济或世界形势影响之故?流行预测者的工作,就是事先找出能满足消费者已经表达或未表达出来的购买愿望的产品。若能将自己的流行意识培养到极度敏感的地步,必定能成为优秀的流行趋势预测者。

(四) 信息编辑

流行预测者必须是个高超的信息编辑者。他们在准备每一季的促销要点时,必须梳理国内外的系列服饰,努力找出市场上最有爆发力的创新点;必须轮流分析这些风格独具的趋势,找到最符合特定企业目标的流行风格。编辑的过程并不轻松,流行预测者不但必须充分了解流行趋势,而且思维必须严谨有序。流行预测者要将信息精简、浓缩,以图文并茂的形式传达给设计师们;要根据自己所在品牌的精神,从中采集并重新定义流行焦点;同时,还要留意流行趋势的短期或长期的走向。名副其实的流行预测者,可使趋势等同于利润。他们需要思考是应该照单全收欧洲的流行元素,包括其中的风险,还是守住目前流行的风格,稳中求变,又或是到底应该重点推出哪些产品以及这一季、这一年或下一年的卖点是什么。所有决策都以企业长期目标为依归。

(五) 主题陈述

"主题"是所有设计活动和促销活动的中心理念,是捕捉所有季节趋势的大纲,是解读企业的哲学,同时触碰着消费者的心弦。这里的"主题"是通过文字说明设计的理念与风格是对于流行趋势的预测描述,是对消费的预测。

第三节 灵感来源

在新季度产品开发的前期阶段,灵感的启发是必不可少的。设计总监在拟定产品架构时,须不停地寻找灵感来源。

一、何谓灵感

灵感(Inspiration)是借助直觉和潜意识活动而实现的认知和创造。它往往可以促进艺术、科学、技术产生新的构思或者新的观念。

据生理学与心理学的经验分析,在产生灵感之前必须对问题有过连续、反复的思考,并对其产生浓厚的兴趣以及有解决它的强烈愿望。灵感是艰苦思索的结果,是必然性和偶然性的统一。灵感通常出现在不自觉意识或无意识状态,创造者不能有意识地等待灵感的来临。有研究者提出,灵感的孕育不在意识范围之内,而在意识之前(称潜意识)。灵感出现前,先在意识范围内潜滋暗长,一旦酝酿成熟,便会立即以意识的形态涌现出来,表现为灵感。科学的灵感具有三个特点:灵感引发的随机性、灵感呈现的暂时性、灵感呈现过程中伴随着强烈的情感作用。灵感的本质和机理尚待进一步揭示。

从设计的角度来说,灵感就是从其他事物中发觉了解决问题的途径。主要原因是其他事物的原形与所要创作的东西有某些共同点或相似点,通过联想,进而产生了解决问题的新方法。如图3-5所示,设计灵感来源于章鱼的运动鞋,吸取了其柔软腕足的形态,赋予该运动鞋富有节奏感的曲线外观。

图3-5 运动鞋

如图3-6所示,本款烟灰缸的设计灵感来源于人的肺部,使吸烟的人时时感受到

"吸烟有害健康"的暗示。

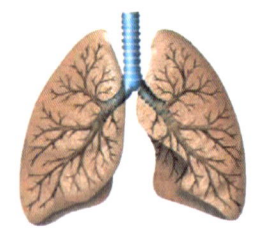

图3-6 烟灰缸

如图3-7所示，本款汽车的设计灵感来源于可爱的狐狸狗形象，使它在现代时尚的风格之外增添了几分大自然的灵气。

图3-7 汽车

二、灵感与设计行业

重视灵感是设计工作的特性；设计的价值在于创新和满足。创新意味着必须不断地创造出新作品、新形式；满足意味着所设计的作品必须满足消费者不断改变的口味，而现代消费者越来越挑剔、越来越难以满足了。时尚服装作为设计领域中的一个特殊领域，喜新厌旧的特性尤为突出。厌倦就是时尚界的动力。为了在竞争中胜出，设计师们必须让自己处于高度敏感的状态，不停地吸收这个世界的各种微妙的暗示，色彩、线条、肌理……当某一天大脑变得迟钝了，就会被这个行业淘汰。

三、寻找灵感

时装设计是一个造梦的过程，在周围的世界里，灵感无处不在。设计师们通过旅游、参观展览、翻看流行杂志、访问各种网站等方式，都可能获得灵感。灵感就如一个个小小的火花，随时准备点燃那些有准备的头脑。灵感来源包括以下几个方面。

（1）来自服装领域的灵感：古代服饰、民族服饰、戏剧服饰等（图3-8、图3-9）；
（2）来自自然界的灵感：自然环境、植物、动物、人物、人造物品等；
（3）来自姊妹艺术领域的灵感：建筑、绘画、音乐、舞蹈、电影、文学等；
（4）来自某些生活片段的灵感：旅游、游戏、恋爱、对话、历史事件等。

图3-8 迪奥品牌

迪奥品牌的设计总监约翰·加里亚诺的这个系列灵感来自于神秘的古埃及，他大量使用了古埃及的金色和头饰，同时也保持了迪奥品牌一贯的奢华风貌

图3-9 加里亚诺系列服装

约翰·加里亚诺的这个系列灵感来自于藏族服饰，他将具有浓郁的东方神秘色彩的藏族服饰与时尚元素相结合，形成独特风格的时装

四、寻找属于品牌的特定灵感

每一个服装品牌都有自己特定的品牌内涵，设计师们即使面对同样的灵感，也一定要设计出不同的作品，以符合不同的品牌风格。这个时候，收集灵感的大脑就像一个神奇的机器，各式各样的新鲜事物进入了这个机器，而出来的则是经过筛选和加工的元素，等待着被组合成符合某一特定品牌风格的作品。

设计师在寻找灵感时，必须以自己所服务的品牌为依托。国内外著名设计师的灵感和创意都经受了品牌本身和市场的考验。

案例：迪奥品牌曾经的设计总监约翰·加里亚诺

1996年10月21日10点，位于迪奥总部旁的一栋房子里走进了三位陌生来客，从他们凝重而严肃的神情看，更像是朝圣者来到了圣地。这是一间长而深的房子，一整面墙被1947年开始的Dior精品占据了，橱架上放满了Dior品牌22场发布会的所有原始资料，从效果图到照片，甚至连裁剪、板型以及板师的名字都被记录了下来（图3-10）。

图3-10 优雅而经典的老"迪奥"

来客中的一名男青年瞪大了双眼，眼前的一切，就是他所崇拜的大师迪奥先生生前的工作室。男青年努力设想着这间长屋中，一代名师是如何将高雅和妩媚赋予他面前的一位孔雀般的模特的。男青年的眼睛迸发出渴求的热情，沿着房间的每个角落搜寻着一切可能残留下来的迪奥的气息。

到底什么是迪奥的精神？

年轻人苦苦地追寻。迪奥的精神来源于Dior当时新任首席设计师约翰·加里亚诺。他收集和翻拍了几百张伊夫·圣·洛朗和马克·伯汉的照片及书籍，又借了费雷为Dior设计的时装发布会录像，在一星期中从白天到黑夜地反复观看。同时，加里亚诺对Dior作品的每一个细节，从面料到辅料，从裁剪到制作，都要仔细钻研。档案室有两本仅存的 Livers De Fabroxation，里面详细地记录了从 1947~1948 年每件 Dior 服装的技术细节、图片、文字及面辅料。例如，首次发布会时一件著名的 Bar 形服装，由山东绸的上衣和羊毛裙组成，记录中上衣耗料 3.5 米，衬 3 米，由皮尔·卡丹裁剪（传统的高级时装都是由男士裁上衣，女士裁裙子）。然而加里亚诺埋头苦寻，却始终找不到满意的答案。

听说在纽约大都会艺术博物馆有许多 Dior 作品的回顾展，同时也有费雷的展出，加里亚诺赶赴纽约。在那里，他的生活简单到只剩下工作，不断地揣摩每件作品后蕴涵的品牌精神，每个细节都逃不过他的眼睛，他将许多细节带回巴黎去研究。

终于，加里亚诺在 1947 年 2 月 2 日的首次发布会中寻找到 Dior 最有名的元素。在"Jungle"（丛林）的一件印着豹纹的礼服中，他意识到有什么重要的东西隐藏在其中。他的视线被一张照片吸引住了。"一位超凡脱俗的优雅名媛，具有成熟女性的全部妩媚和风韵，豹纹小帽下笼罩着面纱，豹纹上衣轻轻地从她的肩头略向下滑落，露出五缕绳串的细珠，钻石在她手腕上闪闪发光，她看起来就像 Dior 品牌优雅品质最完美的体现。"加里亚诺禁不住心头激荡，这就是他一直在寻找的迪奥精神！

艰苦的努力，终于换来了一次次的成功。在年轻一代的设计师中，加里亚诺成为时尚的领头羊。如图 3-11 所示，他设计的作品不仅为 Dior 注入了全新的活力，同时也给高级时装带来了翻天覆地的变化，引领了高级时装的年轻化风潮。

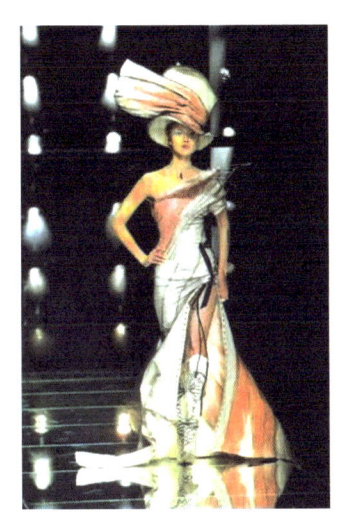

图 3-11 继承了迪奥精神的新"迪奥"

在上述例子中，我们看到当今才华横溢的设计大师加里亚诺在新入主迪奥品牌时谦逊而勤奋的表现，他尊重迪奥品牌原有的精神，花费大量的时间和精力去了解这个经典品牌的本质。他非常清楚自己的职责是在保留迪奥品牌精神的前提下发挥创意，使它焕发新的活力。如今，许多服装品牌在招聘新的设计师时，会给予一段时间，让新设计师了解并掌握本品牌的风格和特点，在此基础上，才是新设计师施展才华的空间。如果设计师与品牌不能很好地磨合，或者设计师不愿遵循品牌固有的风格，则双方很难合作下去。

五、固定灵感

灵感飘忽不定，从灵感到实际的设计作品，中间有一条漫长的路，这其中的奥秘只有设计大师才清楚。作为年青一代，所能做的就是勤奋地观察，勤奋地思考，勤奋地设计。

加里亚诺是怎样制造梦幻的呢？他说："最初它只是一颗令人兴奋的火花，我将它变成了一种语言，经过长久的摸索和构思，就形成了这一时装系列。"

第四节 主题设计

将灵感固定下来，转向设计的手段之一就是主题设计。通常每个季度会根据上市时间划分不同的时间段，在不同阶段推出不同的主题系列，有些品牌也会在同一时间推出几个不同的主题系列。那么，什么是主题设计？为什么要进行主题设计？主题设计的内容是什么以及怎样进行主题设计？

一、何谓主题

广义的主题包含了文字概念、色彩概念、面料概念、款式概念等内容；狭义的主题则仅指文字部分（即文字概念）。当然，设计本身具有非理性，文字概念、色彩概念、面料概念谁在先与谁在后是一个很难回答的问题，通常设计总监会将所有的概念用同一个展板来表达。为了便于理解和学习，本书将它们分割开，并按照文字概念、色彩概念、面料概念、款式概念这样的思路进行讲述。

主题的确立，是设计作品成功的重要因素之一。设计的艺术性、审美性以及实用性通过主题的确立充分体现出来，同时主题的确立又能够反映出时代气息、社会风尚、流行风潮及艺术倾向。

主题制订的好坏体现了设计总监的基本功力。设计总监的重要职责之一就是寻找各种新鲜的灵感，收集各种流行信息，将它们吸收转化为符合本品牌形象的、新鲜的组合，制定出新季度的主题。因此，经常可以看到设计总监们花费大量的时间去旅游，去参观博物馆或者现代艺术展，徜徉于跳蚤市场等，并常常为了制定出人意料的主题而绞尽脑汁。

主题对于企业、设计团队、产品都有重要的价值。

(一) 主题与企业

主题设计之所以成为各服装品牌设计部的常用方式，是因为服装企业发现创意是成为高附加值的来源,也是竞争的焦点之一,而确定主题的过程则是将创意集中化、具象化的过程,因此这个环节显得格外重要。对于开发零散产品的小型企业来说,只准备开发少量的款式,着重追求每个单款的设计能吸引顾客眼球,有无主题设计或许无关紧要。但对于大中型自主开发新产品的企业来说,经过精心策划的主题则非常必要。鲜明的主题为设计师团队指出了明确的设计方向,为整个设计过程理清了思路,便于设计团队分工合作。在设计开发工作结束之后,主题还为将来的产品销售奠定了良好的推广基础。在订货会、零售商店、推广海报和杂志上,独特而精彩的主题如价值百万的广告语一样宝贵。好的主题可以为新产品宣传照片提供精彩的创意,包括色彩、布景、摄影风格等;好的主题也可以让时装评论记者写出具有吸引力的文章。

(二)主题与设计团队

主题对于整个设计团队有指导和限制的作用。首先,主题就像是大海中的灯塔,引导着整个设计团队,所有的设计都将围绕主题产生。设计团队可以根据主题分配任务。既可以根据主题划分为不同的设计组,也可以根据主题制定相应的任务进度、划分开发时间段等。其次,每个主题从风格、色彩、款式和设计手法上规定了设计的方向,设计师可以根据主题来展开联想,选择最为恰当的设计元素(图 3 – 12)。这样的指引非常必要,因为每个季节都有很多资讯,设计师容易感到混乱和无所适从。此外,由于有了主题大方向的限制,设计师的创意就不会违背品牌的精神,不会超出品牌目标消费者的接受范围。这样,创意经过引导,就可以成为恰当的设计。

图 3 – 12　五彩缤纷的颜色也是寻找设计灵感的来源之一

（三）主题与产品

没有主题引导的产品之间没有联系，只是散乱的个体；根据主题设计出来的系列产品具有秩序化的美感。产品上市后，消费者会从不同主题系列中感受到发现差异的惊喜，又可以从同一主题系列产品中感受到易于搭配的便利。同一主题的产品可以形成整体的气氛，便于零售陈列。

当然，主题在具体的产品开发中是可以进行局部调整的。最初的设计概念是模糊而笼统的，在进入到一定的设计阶段时，就会发现最初确定的主题可能不够准确，或者不够流行，或者不够新鲜。随着设计思路的明朗化，可以对不尽如人意的主题进行调整，使整体产品结构更为完善。

二、主题概念板的内容

主题一般可以借助主题概念板来进一步表达，通过细致的文字和各种相关的图片来解释主题概念。很多企业都会将 A0 以上尺寸的主题概念板（通常用 KT 板或厚纸板制成）展示在设计部内部，以激发设计师们的灵感，同时也可供设计总监增减上面的图片或实物，调整设计思路。

我们经常会看到一些年轻的设计师埋头于款式设计当中，煞费苦心地推敲结构线与细节设计。但是对于一个成熟的服装品牌来说，新产品的创新性并不仅仅在于款式的变化，甚至有的品牌常年销售的款式大同小异。设计的创意存在于许多方面，色彩、面料、辅料、图案、搭配方式等都大有文章可作，主题的确立就包含了所有这些方面。

三、主题设计的过程

确定主题的过程是复杂而充满变化的，最重要的是从前期收集的大量素材中筛选出属于本企业或本品牌的独特设计风格。例如，迪奥女装品牌的设计总监约翰·加里亚诺以丰富大胆的创意著称，他的灵感来源于戏剧、宗教、古代服饰、民族服饰、绘画等。但是，每次推出的新主题系列，你依然可以强烈地感受到他独特的风格，就是将所有的元素进行了"加里亚诺化"，甚至你从 100 米外瞥见他的服装设计作品时，就能感受到浓重夸张、奢华性感的加里亚诺风格。

主题设计的过程一般可以分为以下几个阶段。

（一）文字概念

狭义的主题指文字概念，是一个题目和概念，是对一种设计风格和设计思路的概括。这样一个题目和设计概念可以引发一个有魅力的故事，来丰富产品的内涵，吸引顾客。通常，整个新季度的产品有一个大主题，然后每个小系列产品有小主题。所谓大的设计主题是指对整体服饰流行风格分析归纳后所设定的设计主题。例如，对世界主要服饰市场巴黎、香港和东京服饰品的分析，世界流行色的预测等，都是确立设计大主题的综合因素。确立了大主题之后，再就每一个系列产品确定独立的设计主题。独立的设计主题应符合产品季度风格。

  文字概念的形式多种多样，不拘一格。好的主题将文字的精彩作用发挥得淋漓尽致，它们使人产生奇妙的联想，在参加发布会或订货会的客户心中留下深刻的印象。为什么时尚界如此需要奇异而华丽的文字？就是因为这些文字如时尚本身一样变化多端、瑰丽而具有诱惑力。设计主题的文字需要一定的才华和技巧，天才的灵光乍现是无法学习的，但技巧是可以掌握的。在这里介绍其中的一种方法：确定风格—通过风格联想，确定关键词（名词）—通过风格联想，确定关键词（形容词）—通过风格联想，确定关键词（动词）—将各种有意义的关键词进行混搭、排序等—展开联想，创作主题故事。

反叛大师案例：维维安·韦斯特伍德（Vivienne Westwood）

  朋克女王维维安·韦斯特伍德著名的发布会主题有"高海上的浪漫""泥的怀旧""水牛女孩""巫师""剪与砍""画像""解放""性爱地带""盎格鲁情结"等。"高海上的浪漫"是她海盗风格的开始，她将海盗风格与自己在设计上的冒险精神融为一体。而"解放""性爱地带"则体现出她渴望和憧憬着法国18世纪和19世纪的逢场作戏等社会风气的回归与复兴，是对性感魅力的大胆宣扬。对于"盎格鲁情结"，她解释说："在英国，我们重视裁剪以及轻松的魅力；在法国，设计和比例的稳固是从不满意中来的，因为有的东西可以做得更好、更精致，精致就是剔除粗俗的短处。"这个主题反映的是法国和英国时尚观念的交换。总而言之，由朋克女王确定的主题永远是充满意外的。[6]

案例：真维斯（Jeanswest）

  真维斯是近年来在我国颇为畅销的休闲品牌，我们从它2006年新推出的产品中，可以看出它针对年青一代设计了时尚酷感的主题，以下是它的主题说明。

  真维斯女装以"清新主义"及"牛仔新作"为两大主题，以精致、时尚的设计结合甜美的色彩表现出充满自然活力的气息，清爽明快的浅蓝色、甜美靓丽的浅橙色、干净利落的杏色等一系列"清新主义"的色彩，为2013年的早春带来无限生机，清新自然的春天气息扑面而来！薄厚适中的特织外套是早春时尚达人的必备之选，运用镂空织花，为真维斯外套增加了全新的看点，再配合以甜美风格的衬衫打造出完美触感！"牛仔新作"则演绎出时尚、个性的早春街头风，以牛仔色彩的特织外套与对比强烈的条纹、圆点、格子衬衫相呼应，多种元素的混搭让这个春天变得丰富多彩（图3-13）！

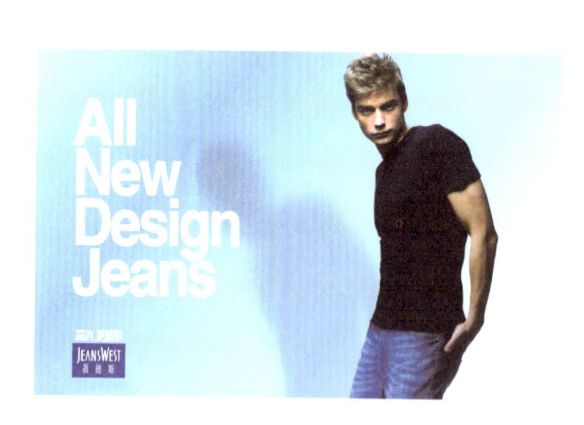

图 3-13 真维斯品牌服装

从上述例子中可以看出,不同档次、不同风格的品牌需要截然不同的主题。维维安·韦斯特伍德的时装发布会主题需要夸张怪诞、出人意料的效果,以体现她叛逆的个人风格,因此她一般会选择非常奇特的主题名称。而真维斯则是年轻、充满运动感的休闲品牌,因此它的主题具有朝气和假日气氛,以吸引年轻的消费者。同一品牌推出的主题应有共同的特征,这样才能在不断的新产品推介中,加强消费者对该品牌的认知。

(二)色彩概念

色彩概念是指最能表达主题概念的一组色彩,而非单个色彩。这组色彩渲染出一种气氛,以感性的视觉元素进一步诠释了主题(图 3-14~图 3-16)。

图 3-14　Design Options 2013 春夏童装
色彩趋势预测主题：昔日荣誉

图 3-15　Design Options 2013 春夏童装
色彩趋势预测主题：与此同在

图 3-16　Design Options 2013 春夏童装
色彩趋势预测主题：自然爱好

确定色彩概念的方法多种多样，可以将各种灵感来源的色彩进行解构、组合与再创造；也可以从各种因素（如人文因素、信息传达因素、空间因素、材料因素等）出发进行构思。下面重点谈谈确定色彩概念的两大内容。

1. 单季色彩形象流行色与品牌色彩风格的结合

品牌的色彩策略与流行色有着密切的关系。即使有些品牌只会选择单一的色彩，如常年只制作黑色的时装或只制作白色的时装，但在装饰细节的色彩设计方面往往会考虑流行色的变化。

所谓流行色，是指在一个季节中最受消费者喜爱、使用最多的颜色。流行色的预测是否准确直接影响着商品销售的好坏。在流行的全盛期，许多人会选择同样的色彩、同样的花纹、同样的款式。服装品牌也迎合流行来推出自己的设计，销售额往往会增加，因此每个品牌都非常重视流行色。色彩的流行变化是缓慢的，也并非一个季节只流行一种颜色。流行色要经过数年的酝酿和培育，最后才能达到顶峰，然后再逐渐衰退。因此，流行色在数年前就很微妙地存在着。当那些看起来将要流行的色彩开始露头时，及早发现它们，有意识地加以培育，最后为大多数人所用，这才成为流行色。寻找这种色彩，培育这种色彩，也体现了设计总监、设计师们的能力。色彩的流行，在某种程度上可以根据当时人们的心情、情绪和心理倾向以及实际在市场上流行的东西来加以分析和预测。但流行色很大程度上也是人为制造的，是通过全球各种面料展和服饰展，通过国际羊毛局（International Wool Secretariat，IWS）、国际流行色协会等流行趋势预测机构对该季节的市场分析和色彩分析，而后有计划地制定出来向全世界发布的。

世界上存在着许多有关色彩的信息机构，其中国际流行色协会是专门研究色彩问题的机构。这个协会创立于1903年，全世界共有19个成员国家，总部设在巴黎。这里云集着从世界各国挑选出来的各领域专家，每年2月和8月召开两次国际会议，分析各国代表带来的信息，发布预测的流行色。

抓住流行色只是工作的开始，只有将流行色和本品牌的色彩风格有机地结合起来，调和成新的品牌季度色并融入新季度产品中，才是真正有价值的。设计总监的职责之一是收集各种流行色的预测信息，并在其中选择恰当的色系，将它们吸收、转化为符合本品牌形象的新鲜色彩组合。色彩概念可以通过色彩概念板来表达，即通过组合各种相关色调的图片来解释灵感来源，向本企业的其他人员（包括设计主管、设计师、设计助理、面辅料采购员、销售人员等）传达整体的色彩信息。

2. 季度间的色彩形象延续与变化

每个季度的色彩形象都会受本年度上一季度和前一年本季节色彩形象的影响。例如，2003年夏季的色彩形象，既会受到2003年春季色彩形象的影响，也会受到2002年夏季色彩形象的影响。同时，它又会对2003年秋季和2004年夏季的色彩形象产生影响。总之，品牌的色彩形象具有强烈的品牌个性和季节性，在季节之间既有连贯性，又有跳跃性。

色彩概念可以通过各种能够反映所选择的色彩感觉的图片来表达。

（三）面料概念

面料概念指的是最能表达主题概念的面料组合。这种组合是意向性的，并非最后用于制作成衣的面料。这组面料给出的是产品的整体色彩和质感风格，具体的样衣面料则在面料计划表中确定下来。面料概念较好的表达方式是将真实的面料小样剪成齿状边缘，再以一定的组合方式粘贴在概念板上。如果该面料还没有上市，则可以用相关的图片代替，也可以辅以文字说明（图3-17）。

（四）款式概念

每一个品牌都有自己固有的款式风格，但在进入新的季节时，必须有新的款式变化。设计总监选择一些符合这种新变化的图片，向设计师传达出来的信息就是所谓的款式概念（图3-18）。

图 3-17　用各种图片表达面料概念

图 3-18　参考 Espirt 款式组合风格的款式概念图

(五) 综合表达

综合表达指的是将激发灵感的色彩、图像、实物以富有新鲜感的方式组合在一起。这些具体的视觉元素可以更加清晰地表达主题，有助于下一步设计工作的展开。主题概念（文字）、色彩概念（图片或实物）、面料概念（图片或实物）、款式概念（图片）等，都将在设计总监的灵感中转化成令消费者可以感知的元素。在制作主题概念板的过程中，设计总监的灵感也逐渐通过实物表达出来了。

企业内通常是由设计总监来制作主题概念板。概念板围绕主题呈现出一系列表现力丰富的图像，其来源可以是设计总监自己拍摄的照片（旅游所得），也可以是书籍、杂志或网络上的图片。图片内容不拘一格，可以是具象的，也可以是抽象的，只要其中的色彩、肌理、纹样、气氛可以表达主题概念、面料概念、色彩概念即可。概念板上还可以贴上实物，如新颖的面料、别致的花边、新型纱线等，甚至可以放上粗糙的铜片、废弃的尼龙绳等，只要能激发设计灵感，都可以利用。

案例：高田贤三

每一季设计开始前，高田贤三都要去旅游。高田贤三喜欢艳丽花卉和绿色植物，这爱好促使他最爱去非洲、美洲，那里有无数争奇斗艳的植物，还有土著文化和艺术，可以极大地激发出他的想象。一次，高田贤三从巴西回来后，马上把设计师们叫到他的办公室。桌上堆满了带回的碧绿的棕榈叶、鲜艳的花朵以及漂亮的土著饰品。他用一张巨大的半透明塑料纸盖住这些东西，然后向设计师们宣布："好好看吧，这就是我们下一季的风格和感觉。"[8]

第五节　设计元素

一、设计元素概述

元素是化学名词，是指构成事物的基本物质的名称。设计元素借用化学中元素的概念，指构成产品整体风格的最基本的单位，通常包括：造型元素、色彩元素、面料元素、结构元素、辅料元素、工艺元素、图案元素、部件元素、装饰元素、形式元素等。

设计元素的相互组合构成款式，因此设计元素的选择与搭配也就决定了服装款式的品质。每个品牌在一定时期内会由一个设计的基本元素群构成，相对固定的设计元素群构成了品牌的基本风格。例如，迪奥的服装多采用 X 形的造型元素，搭配艳丽的色彩，塑造华丽、性感的服饰风格（图 3-19）；夏奈儿则在传统产品上一直采用 H 形的造型元素，粗花呢面料搭配大的珍珠饰品，还有山茶花这种装饰元素，共同塑造并维持了近百年来经典的夏奈儿女郎形象（图3-20）。如果一个品牌没有基本的设计元素群，也就意味着这个品牌缺乏相对稳定的品牌形象与定位，产品风格混乱。一个设计元素不可能构成一件服装产品，必须是一群设计元素，才能构成一件完整的服装。造型元素、色彩元素、面料元素、结构元素是一件服装不可缺少的四大元素。此外，工艺元素、图案元素、辅料元素、部件元素、装饰元素、形式元素等也常被应用其中（图3-21）。

图3-19　迪奥品牌服装中的各种设计元素

图3-20　夏奈儿品牌服装中的山茶花也是其著名的设计元素

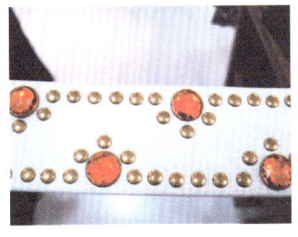

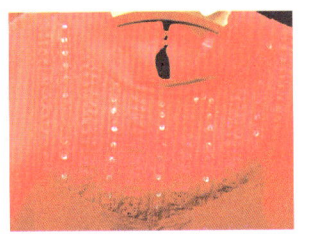

图3-21　各种工艺元素、图案元素、辅料元素

设计工作带有艺术工作的特点，人为的、随意的因素较多。设计元素是人为的创新。一个品牌有基本的设计元素，在每一季的新品设计里，更会大量应用一些新的设计元素，以保持品牌的吸引力。如何使用新的设计元素，同时又保持住品牌的基本形象，这就考验到每位设计师的功力。品牌服装不但强调熟练应用基本的设计元素，不停吸收新的时尚设计元素，还强调设计元素间的搭配与协调，强调一个系列内的设计元素与设计元素之间、一个系列与其他系列之间的设计元素的联系。

设计元素通常划分为：

（1）造型元素：服装的廓型和各个局部的造型；
（2）色彩元素：色彩的色相、纯度和明度；
（3）面料元素：面料的成分、外观、手感、质地、厚薄等；
（4）结构元素：结构的属性、规格、处理等；
（5）工艺元素：缝纫方法、熨烫方法等；
（6）图案元素：图案的属性、题材、风格、配色、形式等；
（7）辅料元素：辅料的种类、材质、形式、外观、手感等；
（8）部件元素：零部件的种类、造型、色彩等；
（9）配饰元素：配饰的种类、材质、造型、色彩等。

二、设计元素的来源

设计元素的来源分为直接来源和间接来源两种。直接来源是从流行服饰上直接借鉴来的，各大时装发布会以及各个有分量的名牌服饰都是创造流行设计元素的生力军，搜集这些品牌服饰的资料并加以整理和分析，可以直接筛选出对自己品牌有用的设计元素。间接来源是设计师在设计灵感的激发下，将某种流行文化（或者时尚的行为、运动、技术等）转化而成。例如，前几年东方民族文化成为一个时尚关注点，Kenzo品牌在2013年春夏成衣女装设计中采用了非洲丛林和猎装的设计元素，很受消费者欢迎（图3-22）。通过研究这个案例会发现，这种印第安风格的设计元素是以各种形式体现出来的。例如，工艺、图案、色彩、装饰，不一而足。这从另一个方面说明了设计工作的创作空间非常大，如何灵活、熟练地应用各种服装语言，是每位设计师的必修课。

三、设计元素的应用

一个品牌的基本设计元素会在每季度的产品中重复出现，但所谓重复是指神似，而不是完全的重现。例如，国内知名少女品牌淑女屋，其核心设计元素是绗缝工艺（工艺元素）、荷叶边造型（造型元素）及夹边应用（辅料元素）。淑女屋的大多经典款式都应用到以上三种元素，但每次应用的手法却并不相同。以荷叶边为例，不同的荷叶边的造型方式、造型位置、色彩搭配、材质选择都会使服装呈现出不同的外观效果，使得每一件服装在风格上"大同"，细节上"小异"。因此，即使是基本元素，其稳定性也是相对而言的（图3-23）。

图 3-22　Kenzo 2013 春夏成衣女装发布系列

企业的基本设计元素群相对稳定，在此基础上，每一季度会根据具体的流行情况加入一些适合自己品牌发展的新的设计元素。例如日本品牌 Kenzo 的核心设计元素是对花形面料的应用，但在 2006 年春夏季成衣的设计里，Kenzo 加入了以往较少使用的运动风格的设计元素。这种改变是受近年来运动风格大行其道的影响，Kenzo 在加入这些运动元素时，同时注意在服装的款式造型上保持日本传统服饰风格的影子，这种保持是对变化的一种平衡（图 3-24）。

图 3-23　淑女屋品牌女装设计元素的应用
素净的纯白色面料使服装显得很单纯，反复出现的细小花边则是设计元素的重复应用，使服装在单纯中透露出女性的细致与温柔。肩部的蜻蜓装饰物是服装中的一个强调外，它与大面积的白色形成强烈的对比效果

图 3-24　Kenzo 品牌女装设计元素的应用
带有运动感的针织条纹面料，配以宽松的日本服饰造型，是 Kenzo 独特风格的运动时装

选定设计元素后,要把它们很好地利用起来并非易事。在所有设计元素中,有些是流行元素,有些是常用元素,有些则是冷僻元素。设计元素的应用就是选择设计元素进行组合,其中流行元素和冷僻元素的使用较易引起人们的注意。在应用设计元素时,应注意以下几种方法(图3-25)。

图3-25 这两件服装来自麦克奎恩2006秋冬时装秀
右图是鹿角动物器官在服饰上的原形再现,左图同样让我们联想到天鹅等鸟类动物,很显然,设计师已经对天鹅这种动物形态做了变化处理后再将其应用到服装设计中

(一)重复与单纯

重复是指使相同的设计元素在一个产品上出现多次。一个简单的设计元素依据一定的规律出现多次后,这一设计元素将变得不再简单;单纯是指相同的设计元素在一个产品上出现的次数尽可能的少,并且控制其他不同设计元素的出现频率。

(二)强调与弱化

强调是指对某些设计元素进行量态的夸张,使其在产品的设计元素群中占据突出地位;弱化是指对某些设计元素进行量态上的低调处理,使其在产品的设计元素中处于从属地位。

(三)完整与割裂

完整是指在产品中保持设计元素的完整性,具有完整的、可辨的、直接的观感;割裂是指把设计元素进行分离,将其中一部分运用在产品中,具有抽象的、变异的、简化的观感。

(四) 原形与变化

原形是指利用设计元素的原来状态，不做性质和形态的变化，仅做量态的调整，具有稳定、直观的效果。变化是指将设计元素的原来状态进行性质或形态的改变后，再进行量态的调整，具有多变的、奇特的效果。

选择恰当的设计元素进行组合后，新季度产品的设计思路更加清晰，设计师们可在此基础上变化出更多的设计细节，形成丰富而统一的整体效果。

思考与练习

1. 请搜集今年的流行信息，并进行流行预测。
2. 寻找灵感，并制作主题概念板（包括文字概念、色彩概念、面料概念、款式概念、设计元素）。

第四章　产品架构

本章要点： 通过本章学习，学会开发时间计划和产品上市计划的制订；掌握产品架构、色彩架构、面料架构的比例分配。

规划的目标就是形成秩序，在看似无序的设计中寻找有序的可能，进而为整个团队确立开发的规则。英国著名思想家 E. H. 贡布里希（E. H. Gombrich）说："我相信，有机体在为生存而进行的斗争中发展了一种秩序感，这不仅因为它们的环境在总体上是有序的，而且因为知觉活动需要一个框架，以作为从规则中划分偏差的参照。"[1]产品架构进入到产品开发的详细规划环节中，它规定了一个品牌在特定的季度里各类型产品之间的设计逻辑关系、比例关系、色彩关系、面料关系、设计开发的先后顺序等。同时，该阶段是新产品开发的计划阶段，在这个阶段，必须制订明确的开发时间计划、任务分配计划等。这些计划也是相关部门（如面料部、辅料部、生产部、设计部等）协调工作的依据。

第三章的主题设计针对的是一种整体风格的确定，它确定时装产品的时间坐标，注重产品的流行性，既不超前，也不滞后。这体现了设计总监对时尚与潮流的理解以及对目标消费者心理的把握。所谓产品架构，是指新季度开发的整盘产品中，产品与产品之间的设计关系。它是否完整，是否组织得当，体现了一位设计总监的结构把控能力。打个比方，如果说主题的制定就好像大厨决定做川菜还是粤菜才符合客人的口味，那么产品架构的确定则意味着如何选择原材料、如何进行烹饪搭配，以组合成一桌风格鲜明、富有层次变化的宴席。使用"架构"这个词，而不是"计划"，因为"架构"更能体现本环节的特点，即在开发计划中，注重各部分之间的结构关联，仿佛是搭建一座高大建筑的框架，贯穿的是一种整体的观念。

产品架构的拟定是服装产品规划中的理性环节，它起到了承上启下的作用，并将设计概念具体化、清晰化。产品架构是后序系列设计工作的指导手册，如果这个手册条理清楚、切实可行，那么后面的设计工作就会事半功倍。此项工作一般由设计总监或设计经理完成，但当企业负责人参与设计工作时（这种情况很常见），设计产品架构拟定的过程就会变得复杂。在设计总监和企业负责人之间会存在"怎样沟通"和"由谁主导"的问题。建议在进行产品架构的设计之前，切实地解决好"谁在这个问题上更有发言权"的问题。

本章各节内容是根据各项工作的实际操作的先后顺序而定，连贯性较强。

第一节　开发时间计划

一、开发时间计划的内容

开发时间计划规定了整个开发环节的起止日期，包括设计部和板房的时间安排，因为设计与打板交替进行，两者密不可分。一般开始的时间比较模糊，但终止的日期比较明确。设计部的开发终止时间为设计团队规定了任务完成的最后期限，团队必须在该日期前完成所有的设计，包括所有的款式设计稿、色彩搭配方案、面料搭配方案、图案设计稿等。板房开发终止日期可以比设计部推迟几天，最晚在订货会之前一周，这一周用于最后的样衣修改、订货会筹备（当然筹备工作并不是到最后一周才开始）等工作的进行。

二、开发时间计划的制订原则

（一）紧凑

制订开发时间计划表的基本原则是：尽量紧凑，保持较快的速度。由于一般的单季度整体开发时间不超过三个月，进入产品设计前，至少需要两周时间进行调研，以制订详尽的开发计划；而样板设计与制作结束后，也至少需要两周时间进行调整，拍摄宣传册以及筹备订货会。所以，一般将样板设计制作时间限定在两个月内。

（二）弹性

对设计进程进行"弹性管理"是激发设计师创造力的一种方法。所谓的"弹性"即"非硬性""不均等性"，指在季度设计的过程中，设计的速度时缓时急，在精力旺盛、灵感倍现的时候，设计量可以加大；之后，进行思维的放松或转移，经过一个小的平淡阶段，再进入下一个设计高峰。

一般设计过程会不断循环地经过三个阶段。

1. 尝试阶段

尝试阶段需要设计师们充分发挥其创新思维。设计主管会放手让设计师们大胆地进行不同风格的尝试，鼓励新颖的手法，允许设计风格多样化。

2. 深入阶段

深入阶段是明确系列化设计方向、丰富设计细节的阶段。在各种不同类型的新东西面前，由设计总监挑选最有价值的设计元素，在以后的开发中进行相关拓展并挖掘其更深的设计内涵。

3. 完善阶段

完善阶段，即将设计进行调整、补充和提升。需要设计师们一起讨论、分析、观察和体会系列化产品的结构中，对不够完善的地方进行补充、提升。

由于设计思维带有不确定性，因此设计进程不是直线前进的，弹性的时间计划有利于激发设计师的潜力。一般来说，前期每个系列所用的时间较后期长一些，因为需要给设计师们一段时间找感觉、进入状态；在开发的中间阶段，设计任务可以安排紧凑些，审稿和审板次数可以多一些，因为这时往往是设计高潮期，灵感不断涌现，设计也越来越顺畅；后期的设计完善则需要稍微放慢节奏，让设计师们进行反思，也供设计总监进行整体调整。

三、开发时间计划的方式

（一）不同系列相继进行

不同系列相继进行的方式适合规模较小的设计部，只有一两位设计师，不能分成设计小组。这种产品开发方式也适合处于探索阶段的服装企业，设计总监对该品牌的设计路线需要一段时间来把握，那么就可以通过单系列的推进来逐步完善整体产品规划（表4-1）。

表4-1 不同系列相继进行的时间计划

任务	进度	时间	第一周 4.1~4.7	第二周 4.8~4.14	第三周 4.15~4.21	第四周 4.22~4.28	第五周 4.29~5.5	第六周 5.6~5.12	第七周 5.13~5.19	第八周 5.20~5.26
第一主题系列	设计		■	■						
	初板			■	■					
	复板				■					
第二主题系列	设计				■	■				
	初板					■	■			
	复板						■			
第三主题系列	设计						■	■		
	初板							■	■	
	复板								■	
第四主题系列	设计								■	■
	初板									■
	复板									■
备注										

(二) 不同系列同时进行

不同系列同时进行的方式适合规模较大的设计部，多个设计小组可以同时开发不同的系列。在这种情况下，通常板房是各设计小组共用的，可以交替打板。这种方式的效率更高（表4-2）。

表4-2 不同系列同时进行的时间计划

任务	进度	时间	第一周 4.1~4.7	第二周 4.8~4.14	第三周 4.15~4.21	第四周 4.22~4.28	第五周 4.29~5.5	第六周 5.6~5.12	第七周 5.13~5.19	第八周 5.20~5.26
第一主题系列	设计									
	初板									
	复板									
第二主题系列	设计									
	初板									
	复板									
第三主题系列	设计									
	初板									
	复板									
第四主题系列	设计									
	初板									
	复板									
备注										

第二节 产品上市计划

一、产品上市计划的内容

产品上市计划包括确定新季度产品在不同地区上市的初始时间、新货上架的阶段时间和各个促销时间点，并预定每次上市供应新品种的种类。上市计划由设计部和营销部共同制订。

该计划使设计有了明确的针对性，在设计阶段就考虑了诸如季节、气候、节日等与销售相关的因素，并可因此增强每次推出的新产品系列之间的连续性或跳跃性（包括视觉上和功能上的），有利于消费者的选购，也有利于产品的销售（图4-1）。

图 4-1　服装品牌佐丹奴新货上市体现了浓郁的节日气氛

二、产品上市计划对设计的要求

（一）上市间隔对产品品种的要求

　　季节的更替与服装周期的轮回，为消费者带来新的期盼，也为企业家和设计师带来新的创作契机。上市间隔的长短与服装企业的开发力量有关。通常，有实力的服装品牌在一个季节（三个月）内至少会推出三次新产品，以吸引消费者多次光顾。有些品牌推出新产品的频率很高，如西班牙著名品牌 Zara，每周都有新产品上市。这源于它拥有丰富的设计资讯和强大的销售快速反应系统，能够及时了解市场对每件新款的需求，并及时调整产品品种。一般来说，上市的频率与新产品品种成反比关系。

（二）时间推移对产品品种和价格的要求

　　消费者是典型的喜新厌旧的群体。随着时间的推移，他们对新产品的期待和要求也会有所不同。以广州为例，五一国际劳动节是夏季开始后的第一个节日，所以人们会尽量多购买一些衣服，以便在新的季节里穿着，一般易于搭配、有一定新鲜感的服装就可以了，消费者对价格接纳度较高；六一儿童节则处于夏季中期，这时夏季的产品已经上市很多品种了，所以消费者购买将趋于保守，对"新"的要求非常苛刻，只有款式新颖别致、价格实惠的产品才会得到认可。因此，对于上市计划中不同阶段的新产品，设计要求有所不同。

（三）上市的不同区域对产品的要求

　　不同区域由于气候相异，所需产品的厚薄也相异，因此同一个系列的产品在南方市场与在北方市场上市的时间差别很大。例如，哈尔滨市场的冬季产品上市时，广州市场可能秋季产品刚刚上市。

　　从表 4-3 中可以看出，春夏季和秋冬季分别形成两个循环，随着两个新季节（春季、秋季)的开始,消费者对产品的时尚性和新颖性要求越来越高。这是由于随着时间的推移,消费者会对各品牌产生视觉疲劳,进而越来越挑剔产品。

表4-3 某品牌在南方城市的产品上市计划

季 节	上市时间	批 次	销 售	产品要求
春季	2月10日	第一批春季产品	试探市场	基本款与新颖的产品搭配,同时上市
	3月15日	第二批春季产品	根据市场反应补充产品	准确体现本季节的潮流
夏季	4月15日	第一批夏季产品	节日促销,吸引消费者	产品系列中有新的亮点
	4月25日	第二批夏季产品	节日促销	与其他品牌相比,有自己的显著特色
	6月15日	第三批夏季产品	夏季最后一次补充产品,为明年夏季试探市场	部分产品具有超前风格,可以更加大胆和前卫
秋季	8月15日	第一批秋季产品	试探市场	新颖性的产品与基本款搭配,同时上市
	9月10日	第二批秋季产品	根据市场反应,补充产品	准确体现本季节的潮流
冬季	10月1日	第一批冬季产品	节日促销	保暖等功能性要求较高
	11月15日	第二批冬季产品	根据市场反应,补充产品	时尚性要求比第一批高
	12月25日	第三批冬季产品	节日促销	产品须体现节日气氛
年货	1月10日	新年产品	年货促销	产品须体现节日气氛

第三节 色彩架构

一、色彩架构的含义

色彩是新季度产品的视觉要素之一,有序的色彩架构是多系列产品所必需的,这是对色彩进行规划的理性阶段。色彩架构是指,在一个季度中,所有产品的具体的色彩关系。这与设计学中色彩构成的概念有相通之处。色彩构成可以针对一个设计作品,如一件服装、一幅广告、一张桌子等;产品色彩结构则将这种色彩关系扩大到整个季度的产品,如整季产品的色调倾向、色彩的组合关系等。

色彩概念与色彩架构的区别:色彩概念是充满灵性的,模糊、不确定的,是一种整体的感觉与氛围;而色彩架构是确定的、理性的,通过深入的思考将色彩概念固化、细化的结果。

在进行色彩规划时要考虑的因素很多，包括品牌的整体风格定位（整体色彩风格）、时间因素（季节的推移）、空间因素（卖场色彩）、上/下装单款色彩搭配、整个季度中各个款式的色彩搭配等。

二、色彩架构的制定原则

制定色彩架构以品牌风格、色彩概念为指导方向，遵循色彩构成的原理。色彩架构将整个季度的新产品视为一个整体，注重各产品之间的色彩关系，注重整体色彩的布局与经营，即经营色彩组织中的色彩位置、空间、比例、节奏、呼应、秩序等相互之间的关系。它们之间的相互关系所形成的美的配色，必须依据形式美的基本规律和法则，使多样、变化的色彩构成统一、和谐的色彩整体。

（一）色彩的秩序

色彩架构中色彩的美，首先是由色彩配置关系中的秩序性而产生的，有秩序的配色可以使人愉悦，它是由适当处理色彩的整体与局部关系、统一与变化而构成的。

所谓整体色彩统一，是指将性质相同或相似的色彩要素组织在一起，形成一种一致的或具有一致趋势的感觉，体现了各个色彩要素的共性或整体关系。例如采用纯度相近的色彩系列，夏奈儿品牌常年推出经典的黑白系列，其色彩纯度为零；范思哲品牌则经常推出高纯度的、色彩艳丽的服装（图4-2）。

所谓局部色彩变化，是指将性质相异的色彩要素组织在一起，形成显著对比，体现各个色彩要素个性上的对立关系。例如夏奈儿的黑白系列，就会在色彩的面积比例上寻求变化，并加入其他的黑白图案以丰富产品，如条纹、格子图案等；而范思哲品牌则在色纯度都很高的情况下，加大色相的对比，形成强烈的对比效果。

图4-2　以高纯度为色彩共性的范思哲品牌

（二）色彩的比例

比例是指对象的各个部分彼此间的匀称性、对比性，是和谐的一种表现，它包含着比率、比较、相对的含义。色彩架构中，色彩的比例包含着两方面的意义：

一是色彩本身之间的对比与调和程度的比例关系；

二是与色彩有关的整体与局部、局部与局部之间的数量关系以及色彩面积、色彩位置、色彩排列顺序等的比例关系（图4-3）。

图4-3　唐纳·卡伦（Donna Karan）2002春夏女装发布系列
从中可看出，色彩的比例被控制得很好，有彩色系列的比例较小，
在较大比例的黑白、米白系列产品中，起到了点缀的作用

色彩架构中，色彩的比例直接关系到品牌整体色彩形象的传达。在制作色彩架构表之前，可先确定一个总的色彩比例图，通常用扇形图来表示。例如高纯度的红色产品，当只有1件时，它在新产品系列中只起到点缀、辅助的作用；当高纯度的红色产品扩大到10件、20件甚至100件的时候，其对消费者的感情效应、视觉冲击力、刺激性，将会大不相同。因此，色彩的比例是影响品牌色彩形象的重要因素。色彩比例的确定，应根据前期确定的色彩概念，即要求某种颜色在其中担负什么角色，发挥多大作用来权衡。

在色彩关系不变的前提下，调整色彩架构中色块的面积、形状、位置、数量等关系，主色调会发生变化。在有限的色彩条件下，用色比例不同、主次不同、位置不同，均能变化出丰富多样的配色效果。借助变换色调的处理手法，使不同功能、不同种类的服装组成彼此有相互关联的配套系列，非常经济、科学。

（三）色彩的均衡

色彩的均衡是指色彩组织构成后，视觉上感觉到的平衡状态，或称视觉平稳安定感，体现了色彩分割布局上的合理性和匀称性。

色彩架构的均衡，主要是由色彩的明暗与轻重、明度强弱、面积大小比例、位置排列方式等基本因素组成，是直接影响色彩架构整体均衡感的基本因素。在具体的色彩设计中，只有当重色与轻色、明色与暗色、前进色与后退色、膨胀色与收缩色适当变化其面积位置关系时，才能取得双方强度上的平衡效果。

一般，当暖色和纯色较冷色和浊色比例小时容易形成平衡，高纯度色较灰色的比例小容易形成平衡；当明色与暗色上下配置时，若明色在上，暗色在下则安定，反之，若暗色在上，明色在下则可以创造动态平衡。当适当使用强烈补色关系时，同样能给视觉上带来一种满足的均衡感。它是一种对立倾向的综合，具有戏剧性；它将画面的紧张度引向高潮，使人在紧张感中意识到整体的平衡。如果这种补色关系过分强烈而失去调和，会造成不平衡感。因此，可适当调整其比例或加黑（白）改变其明度和纯度，或用黑、白、灰分隔等手法取得平衡感。总之，凡是带有美感的东西往往给人以完整而均衡的舒适感。不同的色彩组合成多样而统一的色调时，也会给人以均衡感。

色彩架构的均衡主要体现在纵向与横向两个方面：一是纵向的均衡，以时间的推移为坐标，整个季节从开始到结束，色彩在结构上要均衡而完整；二是横向的均衡，在同一个时间段上市的产品的色彩应在力的结构上是均衡的。

（四）色彩的节奏

节奏一词来自音乐、诗歌艺术形式中，它是随着时间流动而展开的，具有时间的形式和特征，故称之为时间性的节奏。视觉艺术中的雕塑、绘画及设计等作品具有空间的形式和特征（二维及三维空间），故又称之为空间性的节奏。两者都是有秩序、有规律的反复和变化，是秩序性美感形式的一种。色彩架构中的节奏感，是通过色彩的色相、明度、纯度、形状、位置、材料等方面的变化和反复，表现出有一定规律性、秩序性和方向性的运动感。当人们的视线随着色彩造型的不同部分之间反复移动时，就会产生节奏感。

色彩架构中的色彩节奏可以形成不同的性格，有静的节奏，也有动的节奏；有微妙的节奏，也有雄伟的节奏；有温柔的节奏，也有强烈的节奏；有强、中、弱的色彩组合，也有中、强、弱的色彩构成。同时，不同性格的节奏表现出不同的色彩气氛，不同强度的色彩节奏表现出不同的运动感觉（图4-4）。

色彩架构中，色彩的反复所形成的节奏对消费者起着三种作用：
(1) 便于零售空间的展示，在展示中产生色彩的视觉美感；
(2) 可增强色彩在消费者的视觉记忆中的延续性与熟悉感；
(3) 便于消费者在不同时间购买的服装之间互相搭配。

图4-4 色彩的节奏

贝蒂·杰克逊（Betty Jackson）的系列产品发布会。从中可以看出，一种红色以条纹、花卉、色块等不同的形式穿插在各个系列中，且所占比例不同、位置不同、面料不同，形成非常生动的色彩节奏

（五）色彩的强调

色彩的强调，是指在同一性质的色彩中，适当加入不同性质的颜色，形成强调。在服装色彩配置中表现为突出某部分色彩或强调色调中的某个部分，构成色彩的强调。

服饰色彩设计中色的强调，是为了弥补整个色调的单调感，或打破某种无中心的平淡状态和协调多中心的杂乱状态，选择某个色并加以重点表现，从而使整体色调产生紧张感。色彩的强调不仅吸引观者的视觉注意力，形成视觉注意中心，而且可使整个配色增加活力并起到调和作用。同时，色彩的强调也是取得色彩间相互联系，保证色彩平衡的关键。尽管强调色的用色量较少，但由于其色感和色质的作用，依然能够左右整个的色彩气氛。

从色彩性质上来说，强调色应使用比其他色调更为强烈的色，以达到突出重点色的目的。强调色应选择与整体色调相对比的调和色，从而达到既对立、又统一的目的。从色彩面积上来说，强调色应用在很小的面积上，因为小面积的色更能形成视觉中心，提高视觉的吸引力。同时，强调色的面积也要用得适度、适量。如果面积过大，易破坏整体而失去强调效果或统一效果；面积过小，易被所包围的色彩同化而失去强调的作用。

在色彩架构中，强调色通常出现在一个小系列中，成为整批新产品的亮点。这个系列的推出需要经过其他系列的烘托与铺垫，一般会在第一或第二次上市时推出，给人眼前一亮的感觉。有时，一个花色面料系列也可起到强调色的作用。

（六）色彩的呼应

在色彩架构中，呼应是使色彩获得统一、协调的常用方法。配色时，任何色彩的出现都不应是孤立的，它需要同一或同类色彩彼此之间的相互呼应，或者色彩与色彩之间的相互联系性。具体地说，就是一个颜色或数个颜色在不同部位的重复出现，使之你中有我、我中有你，这是色彩之间取得调和的重要手段之一。

色彩架构中，色彩的呼应包括：系列与系列之间的呼应、系列内部产品之间的呼应（外套与里层服装、上装与下装、服装与服饰配件等）。

（七）色彩的层次

色彩架构中，色彩的层次主要是指色彩表现在服饰产品中的空间感，也可以理解为在同一系列中的产品的上下、里外的层次。在服饰配色时，无论是哪一种层次组合都必须依靠明度对比、色相对比、纯度对比、冷暖对比等手段进行配色。对比越强，层次感就越强；对比越弱，层次感就越弱。

通过著名女装品牌赛琳（Celine）的2002年发布会上的产品来看色彩的秩序、比例、均衡、节奏、强调、呼应和层次（图4-5）。共五个系列：黑白系列、深浅咖啡色系列、蓝色与咖啡色系列、紫色与咖啡色系列、金黄色与咖啡色系列。我们看到，四个系列中都用了咖啡色作为调和的线索，使整体统一、和谐。这是一种非常聪明的做法，因为咖啡色是一种偏向中庸的色彩，它几乎可以与各种色彩和谐共处，同时也有衬托其他色彩的作用。从五大系列的色调计划来看，黑白系列和深浅咖啡色系列属于经典色彩系列，可常年使用；而蓝色与紫色系列则属于当年的流行色，可以增加产品的时尚感；金黄色系列明度高，色调轻快、活泼，属于点缀和提亮系列，用以增加整体产品的活力。

三、色彩架构表的内容

色彩架构表列出了每个系列的主色调以及每个具体的色彩，也确定了单系列中的色彩比例。它具体规定了每个系列可使用的大部分色彩，留有小部分的调节空间，可在后面的系列设计中微调。

图4-5 著名女装品牌赛琳（Celine）的2002年发布会中的一部分作品
从中可以看到设计师对色彩架构的把握非常好，色彩有很好的秩序感、节奏感、层次分明，互相呼应

色调，即色彩的主色调，是色彩架构的生命。色彩架构中，色彩的总倾向、总特征是直接传达整体品牌概念的重要因素。就像论文的中心论点一样，当确定了中心论点后，论据、论证均是围绕中心论点展开的。在设计色彩架构时，可将所有的系列产品组合成各种不同灰度、不同明暗关系的调和色组；可以组合出各种有对比效果，呈多种对比状态的色彩关系。这些色调是在前期的色彩概念基础上的进一步深入和具体化，由于色彩架构中必须确定具体的色彩，因此国际通行的潘通（Pantone）色号可以用来标注，可以为面料的采购和染色提供依据。

从图4-6中可以看出，进行色彩规划首先应选准色彩。图中纯净的蓝色、轻盈的紫色、深深浅浅的咖啡色、闪闪发光的金黄色都是经过深思熟虑的，选色非常准确。其次，杰出的设计师可以将少数几个色彩搭配出非常丰富的色彩效果。每个系列之间的色彩都

黑白系列：非常经典的色系，经久不衰，搭配以深浅的雅致灰色花布，在高雅素静中透出低调的华丽

深浅咖啡色系列：中性的经典色系。咖啡色系属于浊色，不张扬，常年可以穿着。这个色系非常稳健，只是不经意间点缀了暗紫色，与其他色系遥相呼应

蓝色与咖啡色系列：中明度的纯蓝色，开始活跃起来，在成熟的深咖啡色的衬托下，蓝色更显时尚

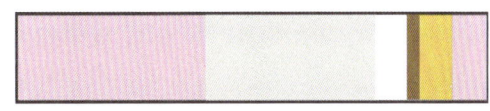

紫色与咖啡色系列：这个系列与上一个系列一样，开始轻盈起来，其中点缀的一点点棕黄色更为下一个系列的出场做了铺垫

金黄色与咖啡色系列：一个最热情的系列，高明度的金黄色在其他色彩的衬托下非常夺目，硬朗的深棕色使这个系列回归到整体中

图4-6 著名女装品牌赛琳（Celine）2002年发布会上的五个系列的色彩架构分析

有呼应，色彩比例分配相似，非常有节奏感和秩序感。

第四节　产品架构

一、产品架构的含义

产品架构是对新产品的品种与款式的规划，它规定了所有产品品种的比例和数量，是产品开发品种和数量的依据。

（一）产品品种的规划

服装产品的品种有很多，按性别，可分为男装、女装；按类型可分为外套、棉袄、衬衫、T恤、背心、裙子、裤子、披风、风衣、大衣等；按面料，可分为机织服装（包括牛仔服）、针织服装（包括毛织服装）、无纺布服装等；按服装风格，可分为运动风格服装、淑女风格服装、街头风格服装、时尚休闲风格服装、前卫个性风格服装等。

（二）产品款式的规划

同一种产品品种里有不同的款式，如同样是外套，可分为长外套、中长外套、短外套等；裤子可分为长裤、九分裤、七分裤、中裤、短裤、热裤、背带裤、高腰裤、中腰裤、低腰裤、直筒裤、宽筒裤、喇叭裤等。

二、产品架构的制定原则

（一）每个季节里目标消费者的常规穿着方式

比较成熟而完整的服装品牌，可以为消费者提供各种各样的、互相搭配的服装产品以满足目标消费者的常规穿着需要。例如休闲品牌班尼路，在秋季可以为消费者提供长袖针织衫、薄毛衣、风衣、针织外套、休闲裤、休闲裙、围巾、帽子等，喜欢这种风格的消费者走进它的专卖店，就可以从头到脚装扮好自己。

（二）本企业的产品品种优势（包括加工优势和设计优势）

服装产品的品种多样，一家服装企业不可能也没有必要提供所有的服装品种。因此，根据自己的加工优势和设计优势来确定产品的品种就是一种有效的竞争策略。服装企业如果在有特殊工艺要求的产品上有优势，就可以以这类产品为主，再辅助推出少量相关的其他产品。例如一些有牛仔加工优势的品牌李维斯（Levi's）、Lee、迪索（Diesel）等，主推牛仔产品，在牛仔的后加工工艺（如水洗、刺绣、印花等）上大做文章。当李维·斯特劳斯（Levi Strauss）创立李维斯品牌后，大家的焦点一直都放在它的牛仔裤上，所制作的牛仔裤除了采用上乘物料外，还使用获得专利技术的车工、专有染制技术与不断变化的剪裁工艺（图4-7）。因为一般的企业很难在技术上与这些企业竞争，所以此类企业的产品架构不需要很多品种，主要针对关键产品进行分类系列化即可。

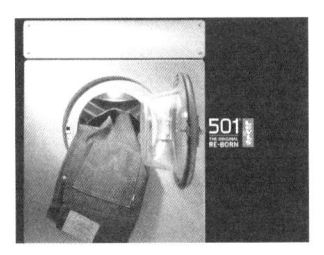

图4-7 李维斯（Levi's）

这个世界级经典牛仔品牌自1853年创立至今，虽然经历不少风风雨雨，但依旧经得起时间的考验。从19世纪60年代的嬉皮士、70年代的朋克、80年代的Mods、90年代的Hip-Hop，这一经典品牌始终走在时代潮流的最前列。能够坚持至今，得益于李维斯的品牌精神，在坚持原创精神的基础上，不断孕育出新一代的潮流标准，更由单一的牛仔裤休闲品牌，进而演变为能够表达出风格更多元、层次更丰富的著名品牌

（三）上一年度该季节的销售反馈

一个服装品牌的产品架构并非一成不变，而是在逐渐调整的。即使知名牛仔品牌李维斯，也会顺应消费潮流，增加部分T恤、毛衣等相关产品，借以扩大它的产品架构。对于一个相对成熟的品牌，这种变化不会也不能太大，因为变化太大会给消费者造成困惑。那么，就需要在基本稳定的架构上进行局部调整，调整的依据就是上一年度该季节的销售反馈。如果上一年度该季节的某种产品销售业绩非常好，那么今年可以保持这种产品的一定比例。但因为零售市场变化太快，所以去年最畅销的产品，今年不一定是最受欢迎的，要寻找今年的"黑马"，就要对今年的消费进行预测。

（四）本年度该季节的消费预测

对本年度该季节的消费预测应该是服装企业获取利润的最佳途径。无论以往的业绩如

何，只有今年的市场需求是最有价值的。根据今年的消费预测对产品架构进行调整，这个过程非常有必要，许多成熟的服装企业会就此召开多次会议来讨论决定。一般情况下，销售部的意见最重要，但这一部门的观点通常有滞后性和保守性，设计部的意见则带有直觉性和敏感性。企业只有综合了感性的判断和理性的分析，才可能做出正确的决定。

三、产品架构的内容

（一）产品比例表

产品比例表规定了整个季度开发中各类别的款式所占的比例和数量。款式比例包括：男装和女装的比例、上市批次间的产品比例、产品类型比例、主题系列比例、各类不同款式的比例等。恰当的比例，既能很好地满足消费者一个季节的服装需要，也能搭配出富有层次感的品牌效果。款式数量则要根据企业的实力和规模而定。

1. **女装与男装比例表**

休闲服装品牌可以同时提供女装和男装。例如，佐丹奴、班尼路、S&K 等，都是采用这种方式（图 4-8）。

图 4-8　休闲品牌佐丹奴同时向消费者提供女装与男装

以下部分以某中型休闲服装品牌"X"为例来对产品架构进行分析。该服装品牌秋季预计开发 200 款（每个款式 2~3 种颜色），因为女装的变化较男装多，所以女装的比例稍大（表 4-4）。

表4-4 "X品牌"秋季产品女装与男装比例表

秋季预计开发款量	200款	
女装	60%	120款
男装	40%	80款

2. 产品上市比例表

假定按照表4-3的产品上市计划，秋季产品将分两个批次上市，那么可以初步确定这两批产品的比例。一般的原则是第一批产品比第二批产品多一些，因为早上市就可以获得更长的销售期，增大销售量（表4-5）。

表4-5 "X品牌"产品上市比例表

秋季预计开发款量	200款	
第一批上市	70%	140款
第二批上市	30%	60款

3. 产品类型比例表

产品类型比例的制定可以便于板房和生产部分配任务。例如，针织产品和机织产品就由不同的制板师和车工完成，牛仔和毛织产品则需要外发加工。同时，各种产品的制作工序、完成时间和成本均不同。因此，在产品规划中确定不同类型产品比例，可以控制成本，做好时间计划，提早与外加工厂进行联系（表4-6）。

表4-6 "X品牌"产品类型比例表

秋季预计开发款量		200款	
针织系列	针织	15%	30款
	毛织	15%	30款
机织系列		50%	100款
牛仔系列		20%	40款

4. 主题系列比例表

主题系列的产品比例确定，既要根据产品上市计划，也要根据该系列的风格特点。属于本品牌经典风格的产品每一季都要保持一定的比例，因为经典系列每年都在销售，价位适中且销售量稳定。而属于时尚风格的系列，比例可以相对小一点。时尚系列是指比较符合本品牌概念的、适合今年潮流的产品系列，价位中等，有一定的销售风险。前卫风格的系列比例应该最小，以减少销售风险，它是季度产品中的亮点，起吸引消费者注意力的作用，价位较高，不作为销售重点（表4-7）。

表4-7 "X品牌"主题系列比例表

秋季预计开发款量	200款	
经典系列	50%	100款
时尚系列	40%	80款
前卫系列	10%	20款

所定的这些比例就像建一栋房子，搭好了架子，接下来可以在这个架子上添砖加瓦，慢慢完善，即对产品进行更为细致的规划（本书的表格只作参考，具体数据需要根据各个企业的实际情况而定）。规划时还可以参考以下的原则：

（1）基本款式（或者称之为经典款式）应保持基本不变的比例，因为无论时尚如何变化，人们每年都需要它们；

（2）价格低的产品款式可以多一些，价格较高的产品款式可以相对少一些；

（3）上装的款式可比下装的款式多一些，因为下装更多起到的是衬托的作用，消费者的注意力更多地关注上装的时尚变化。下装的款式相对上装少一些，但往往下装的单款产品销量会更大。

（二）各系列产品数据表

产品总架构表规定了整个季度中所有产品的比例、品种和上市时间。制定下表的依据是本品牌倡导的穿着方式、流行信息的搜集、同类产品销售调查比较、加工资源以及上一个季度的销售反馈报告。产品总架构表是一份开发工作的总指导表。在产品总架构表中（表4-8），对各个服装系列进行了款式数量分配，而产品数据表就是将各个系列的款式数量提取出来，使之更直观，便于设计小组分别完成（表4-9、表4-10）。

表4-8 "X品牌"秋季产品总架构表

性别	上装 下装	种类 比例 款数	款式名称	比例	款式数量	第一批上市		第二批上市
						第一系列	第二系列	第三系列
女装 60% (120款)	上装 36% (72款)	针织 18% (36款)	长袖针织T恤	4%	8	4	4	0
			长袖针织外套	5%	10	3	3	4
			薄毛衣	6%	12	4	4	4
			毛织外套	3%	6	2	2	2
		机织 18% (36款)	长袖衬衫	3%	6	3	3	0
			风衣外套	7%	14	4	3	7
			休闲夹克	8%	16	4	4	8
	下装 24% (48款)	休闲水洗裤 6% (12款)	直筒裤	2%	4	2	1	1
			宽筒裤	2%	4	3	0	1
			微喇裤	2%	4	0	2	2

续表

性别	上装下装	种类比例款数	款式名称	比例	款式数量	第一批上市		第二批上市
						第一系列	第二系列	第三系列
女装 60% (120款)	下装 24% (48款)	牛仔裤 6% (12款)	直筒裤	3%	6	2	2	2
			微喇裤	3%	6	2	2	2
		休闲裙 6% (12款)	休闲中裙	3%	6	3	2	1
			休闲短裙	3%	6	3	2	1
		牛仔裙 6% (12款)	牛仔中裙	3%	6	2	2	2
			牛仔短裙	3%	6	2	2	2
男装 40% (80款)	上装 24% (48款)	针织 12% (24款)	长袖针织T恤	3%	6	3	3	0
			长袖针织外套	3%	6	2	2	2
			薄毛衣	3%	6	2	2	2
			毛织外套	3%	6	2	2	2
		机织 12% (24款)	长袖衬衫	4%	8	4	4	0
			风衣外套	4%	8	3	3	2
			休闲夹克	4%	8	3	3	2
	下装 16% (32款)	休闲裤 8% (16款)	直筒裤	5%	10	4	4	2
			宽筒裤	3%	6	3	3	0
		牛仔裤 8% (16款)	直筒裤	5%	10	4	3	3
			宽筒裤	3%	6	2	2	2
共计					200	144		56

表4-9 秋季女装第一系列产品数据表

女装第一系列（打板72款，定款43款，3名设计师）					
上、下装	品种	款式名称	定款	打板	设计师
上装 (24款)	针织上装 (13款)	长袖针织T恤	4	7	A
		长袖针织外套	3	5	A
		薄毛衣	4	5	B
		毛织外套	2	3	B
	机织上装 (11款)	长袖衬衫	3	5	A
		风衣外套	4	6	A
		休闲夹克	4	6	A

续表

女装第一系列（打板72款，定款43款，3名设计师）					
上、下装	品种	款式名称	定款	打板	设计师
下装 （19款）	休闲裤 （5款）	直筒裤	2	4	B
		宽筒裤	3	5	B
		微喇裤	0	0	—
	牛仔裤 （4款）	直筒裤	2	4	C
		微喇裤	2	4	C
	休闲裙 （6款）	休闲中裙	3	5	A
		休闲短裙	3	5	A
	牛仔裙 （4款）	牛仔中裙	2	4	C
		牛仔短裙	2	4	C
共 计			43	72	—

表4-10 秋季男装第一系列产品数据表

男装第一系列（打板72款，定款43款，3名设计师）					
上、下装	品种	款式名称	定款	打板	设计师
上装 （19款）	针织 （9款）	长袖针织T恤	3	5	D
		长袖针织外套	2	4	D
		薄毛衣	2	3	B
		毛织外套	2	3	B
	机织 （10款）	长袖衬衫	4	6	D
		风衣外套	3	5	D
		休闲夹克	3	5	D
下装 （13款）	休闲 （7款）	直筒裤	4	6	D
		宽筒裤	3	5	D
	牛仔裤 （6款）	直筒裤	4	5	C
		宽筒裤	2	3	C
共 计			32	50	—

（三）服饰配件比例表

一个时尚的品牌，卖的不仅是服装，同时也是一种生活方式，所以根据服装的整体风格搭配合适的服饰配件（如围巾、包、鞋、帽等），将会给品牌起到锦上添花的作用。配饰的数量不用多，重要的是与服装风格一致，并且别致，是消费者在别处无法买到的最合适的搭配品。此外还需要考虑的是该配饰产品的加工资源是否充足（图4-9）。

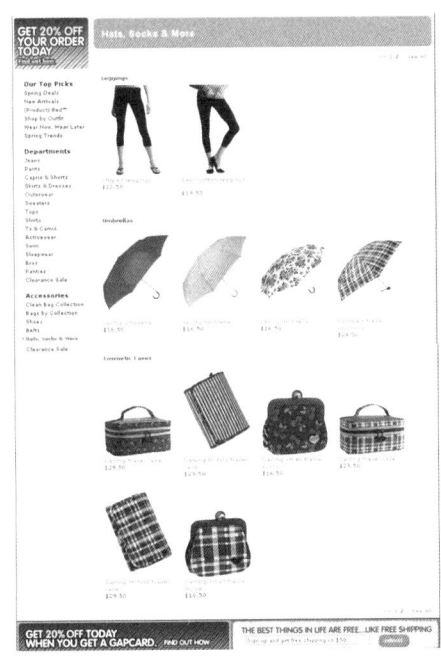

图 4-9　Gap 品牌 2007 年销售的服饰配件

第五节　面料架构

一、面料架构的含义

面料架构初步规定了整个季度所使用面料的品种，面料的厚薄，以及肌理对比的组合关系。面料架构与面料概念的区别在于：面料概念确定的是面料风格，而面料架构则确定了面料的品种和使用比例。在前期规划好产品的面料结构，不仅有助于思考整体产品的肌理效果，而且便于后期的面料采购和大货生产的工期安排。由于面料会占用很多流动资金，也是采购工作较复杂的部分，所以在限定品种数量的面料基础上设计出丰富有致的产品是设计总监和整个设计团队的功力所在（图 4-10）。

二、面料架构的制定原则

（一）价格因素

面料的价格是决定服装产品生产成本的最主要因素，因此在制定面料架构时，应充分考虑价格的浮动范围。一般，面料的价格范围根据产品档次而定，如某服装品牌对新季度面料价格的规定是：90% 的面料价格不能超过既定价位的上限，5% 的面料价格可以稍高

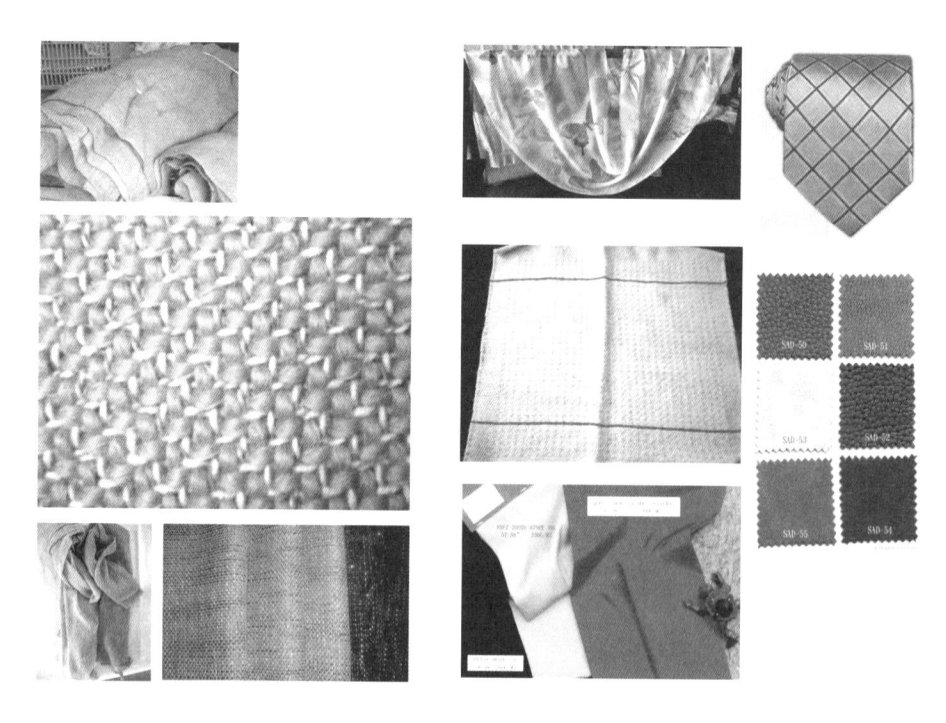

图4-10 各种面料（棉、麻、丝绸、皮革等）

一些，5%的面料价格可以更高一些。10%的面料之所以可以贵一些，是因为它们担负着产生亮点、吸引消费者、提升整体产品形象的作用（图4-11）。

图4-11 以面料华丽感著称的时尚品牌璞琪（Pucci）

（二）品种因素

面料的品种不宜太多，也不能太少。多则占用大量的资金，也为生产部和采购部增添很多工作量；少则体现不出产品的丰富性，吸引力下降。因此，必须将面料的品种、数量控制在企业的生产能力范围内。

（三）厚薄因素

面料架构的制定首先遵循季节变化的原则。随着季节的推移，天气变化，面料的厚薄比例也有变化。以春夏季为例，采用的面料从厚到薄，随着时间的推移，较厚的面料所占比例越来越小，较薄的面料所占比例越来越大。

（四）工艺因素

根据印染工艺的不同，可分为单色面料和花色面料。根据是否需要后加工，可分为完成面料（完全不需要后处理的面料）、普通后处理面料（需普通洗涤的各种斜纹布、需预缩的普通针织布等）、特殊后处理面料（需特殊洗涤的牛仔布、需经热轧处理的起皱布等）。

选择面料工艺的一般原则是，大多数面料采用普通工艺，少数面料可采用特殊工艺。

（五）设计组合因素

1. **色彩**

面料色彩的组合搭配遵循色彩架构的规定。

2. **质感**

面料质感的组合遵循形式美的原则。面料的质感会影响面料的色彩效果、服装的外观风格和消费者的穿着感受。因此，面料质感的统一与变化也是增加产品层次感的有效手段之一。

3. **图案**

如果服装企业是以图案为产品特征［如著名服装品牌璞琪（Pucci）］，则面料应按照图案风格分成不同的系列。如果不是，则可使用85%的单色面料和15%的花色面料进行组合，这样，既便于采购和生产，又形成了统一中有变化的视觉效果。

三、面料架构表的内容

面料架构表的主要内容包括：面料品种、面料克重、价格范围和打板用量预估（表4-11）。

表 4–11　某品牌秋季女装面料架构表

款式名称	面料	价格范围	打板用量预估
长袖针织T恤	棉（100%或70%）双面平纹针织布 180g/m²	20~30元/m	13件长袖T恤用量
	棉（100%或70%）平纹拉架针织布 180g/m²	20~30元/m	10件长袖T恤用量
	棉（65%）针织罗纹布 320~330g/m²	20~30元/m	搭配使用
针织外套	棉/涤纶（65/35）针织巴西卫衣布 200g/m²	20~35元/m	22件外套用量
	棉（65%）针织罗纹布 320~330g/m²	20~35元/m	搭配使用
衬衫	棉/涤纶（70/30）机织平纹布（或色织布）	10~15元/m	18件衬衫用量
薄毛衣	羊毛/腈纶（50/50）	—	外加工
毛织外套	羊毛/腈纶（30/70）	—	外加工
休闲夹克	棉/涤纶（35/65）机织斜纹布（柔软处理）	15~20元/m	15件外套用量
	涤/棉细灯芯绒（印花或洗水）	20~25元/m	10件外套用量
	珠帆	15~20元/m	10件外套用量
风衣	风衣料	10~15元/m	30件风衣用量
休闲长裤	棉/涤纶（35/65）机织斜纹布	15~20元/m	12条长裤用量
	珠帆	15~20元/m	16条长裤用量
	涤/棉细灯芯绒（印花或洗水）	20~25元/m	5条长裤用量
	涤/棉粗灯芯绒	15~20元/m	8条长裤用量
休闲裙	棉/涤纶（35/65）机织斜纹布（微磨毛处理）	15~20元/m	18条裙子用量
牛仔裤	待定	—	外加工
牛仔裙	待定	—	外加工
共计	面料品种控制在18种以内		

注　打板用量预估值为制作样衣所用面料量。

它由设计部初步制定，再转交板房、面料部、采购部，表中打板用量预估一栏的依据是计划打板数量，并比该数量再多一些，以备不时之需。板房将较为准确的面料用量算出来，面料部根据设计部的需求进一步开发新产品，采购部则开始寻找相关供应商，并可根据用量进行采购。

思考与练习

1. 狭义的服装产品规划的概念是什么？
2. 什么是色彩架构？产品架构？面料架构？
3. 试根据前几章作业要求的模拟品牌、流行信息、主题概念来制定色彩、产品架构和面料架构。

第五章　系列设计

本章要点：通过本章学习，对系列设计进一步了解，掌握系列设计中的色彩设计、面料搭配设计、款式设计、图案设计、辅料设计、服饰配件设计的运用。

完成了整体季度产品架构规划后，就要着手具体的服装产品设计。现代服装设计是设计师根据消费者的穿着需求，将材料、技术与艺术融合体现，其本质是为人们选择和创造新的生活方式。作为与人关系密切的时尚产品，服装设计有特殊的款式特点、材质的运用、色彩的配置以及部件的设计与流行的把握。设计师的工作重点集中在审美创造上，这一过程浓缩了设计师对审美技巧的积累，对技术的熟练掌握和对商业形势、生产控制等多方面的深刻理解。

同时，随着设计行业的不断发展和成熟，行业竞争日益激烈，企业所需要的不再仅仅是单品的设计，更需要系列产品的设计，以便占领更大的市场份额。具体的服装产品系列设计可分为系列色彩设计、系列面辅料搭配、系列款式设计、系列图案设计、系列辅料设计、系列服饰配件设计六个部分，这六个部分相辅相成、同时进行。

第一节　系列设计概述

一、系列设计的分类

所谓的系列设计就是在一组产品中至少有一种共同的元素，这个共同的元素可以是风格、款式、面料、色彩或工艺等。该元素就是这个系列的核心设计点，系列设计节约了设计思维，使一个设计点可以扩大、延伸成一组产品，使该组产品既多样化又统一和谐。系列产品有着共同的元素，便于陈列，也便于消费者搭配，有利于销售。所以，在产品设计中，越来越多的企业采用系列设计的策略。

系列的分类方法主要有以下六种。

（一）按穿着搭配风格划分

按穿着搭配风格划分是最常见、最符合消费者购买需求的一种划分方法，在大中型服装品牌中较为适用。同一种风格的产品，包含不同的款式（上装、下装等），但是都易于搭配，可以形成多种穿着方式，也往往陈列在一起（图5-1）。

图5-1 按穿着搭配风格划分的迪奥产品系列

（二）按款式特征划分

按款式特征划分的方法较适合一些小的系列产品。例如，同时推出一个宽松但结构别致的上装系列，面料虽然不同，但是款式线条的设计手法类似，可以为消费者塑造独特而持续的服饰形象。这种方法也是节约设计思维的一种有效途径，同一个灵感，经过微调运用在不同的面料中，既丰富产品，又统一格调（图5-2）。

图5-2 按款式特征划分的盖尔斯（Guess）产品系列

（三）按主色调划分

按主色调划分是视觉上最为统一的一种划分方法。无论是陈列或穿着，都给人以非常和谐的感觉。这一系列设计方法的难点是不易寻找同一种主色调的面、辅料。大中型服装企业可以采用定织、定染的方法来达到理想的效果（图5-3）。

图5-3　按主色调划分的华伦天奴（Valentino）产品系列

（四）按主面料划分

按主面料划分的方法便于生产，是企业常用的方法，尤其适用于特殊或昂贵的面料。设计该系列时，突出主面料的风格，辅以相配的其他面、辅料，所设计的款式以最大限度地体现主面料的优点为佳。

（五）按主图案风格划分

按主图案风格划分的方法常用于产品品种较为单一的服装企业（图5-4）。例如，专门从事T恤开发的企业，就往往以图案风格来划分其产品系列。

图5-4　按主图案风格划分的维维安·韦斯特伍德产品系列

（六）按工艺手法划分

按工艺手法划分的方法常用于需特殊工艺处理的产品。例如牛仔产品，不同的洗水方法可以形成完全不同的产品系列。即使是常规产品，如T恤，不同的印花工艺也可以形成不同的产品系列（图5-5）。

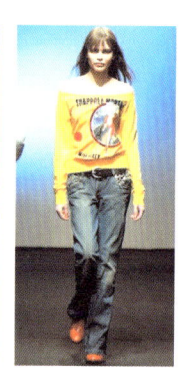

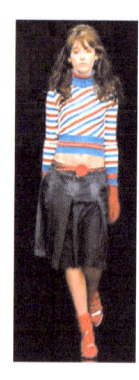

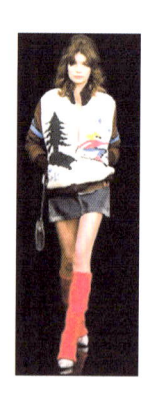

图 5-5　按工艺手法划分的 Miss Sixty 产品系列

二、系列设计的原则

优秀的系列产品层次分明、主题突出，既丰富又统一有序，但对设计、采购和生产等各个环节提出了较高的要求。如何保证系列产品的顺利上市，是现代服装采购、生产管理的重要课题之一。系列设计遵循以下原则：

（一）统一变化

系列产品必须统一，才能称之为"系列"（图 5-6），否则就如同一盘散沙。例如，有些小型企业的季度产品，充满了各种各样的设计点，每个款式单看都非常完整，有巧妙的构思，但是，翻遍整批产品之后，却因为设计手法太多，而没有留下深刻的印象。这些产品虽然大致上有类似的风格，但产品与产品之间的联系却是随意的，设计点没有经过筛选和强调。统一就是在系列产品中有一种或几种共同元素，将这个系列串联起来，使它们成为一个整体。只有统一，没有变化，产品就太单调。在统一的前提下，一个设计构思可以经过微妙的变化，延伸到不同的产品中，形成丰富而均衡的视觉效果。要做到统一而变化，就是要对产品的某一种特征反复地以不同的方式强调。

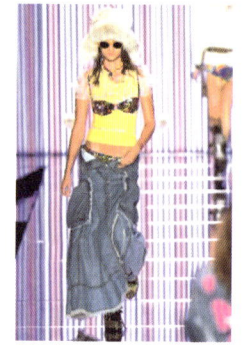

图 5-6　迪奥品牌的服装在设计、面料和工艺等手法上形成很强的系列感

（二）主题突出

主题突出就是要强调有价值的设计点。这个设计点可以是一个结构细节、一种面料搭配方式或者是一种图案等，只要它具有吸引消费者的潜力，就可以成为一个系列的设计点。主题将这个设计点以启发性、趣味性的文字表达出来，而产品则将文字的概念具体化。有些产品也具有系列感，具有连贯变化的设计点，但是它偏离主题或者设计表达力度不够，就不能达到设计目标的预想效果。例如，某品牌2007年春季一个主题为"宝贝甜心"的少女装系列，其设计的款式如果过于硬朗、中性化，就偏离了主题；若设计师仅仅是采用了蕾丝花边这个传统的元素，却没有吸取2007年流行的宫廷风格、娃娃装等元素，则会出现设计保守、设计力度不够、主题不突出等问题。

（三）层次分明

有些系列产品做到了统一而变化，但却平淡无味，这是由于设计师将设计点平均在每个产品中，没有强弱变化，缺少层次。层次分明的系列设计原则要求在系列产品中有主打产品、衬托产品、延伸产品、尝试产品。主打产品是设计得最精彩、最完整的产品，它使设计点很完美地展现出来；衬托产品则相对弱一点，无论视觉效果还是设计手法都相对平淡一些，它的作用就是衬托主打产品；延伸产品就是把主打产品的精彩之处进行延伸变化，使整体的分量更足；尝试产品就是进行更大胆的设计，对一些非常规的设计手法进行尝试，以增添系列产品的视觉效果，同时吸引目标消费者中更前卫的消费者。

第二节　系列色彩设计

一、系列色彩设计的含义

服装给人的第一印象是色彩。在服装设计的色彩、款式、面料三要素中，居于首位的是色彩。著名的法国时装大师皮尔·卡丹（Pierre Cardin）曾这样说："我创作时最重视色彩。"由于服装色彩是视觉中最响亮的语言和媒体，是最具感染力的艺术因素，因此，它具有巨大的社会效益、经济效益和美感效应。它不仅传递信息、表达情感，使色彩成为构成服装美、环境美的重要因素，而且还能在激烈的全球服装市场竞争中，起到自我介绍和诱导购买的作用。

系列色彩设计是指在一个系列内，根据既定的色彩计划，对产品的色彩组合进行深入细致的搭配和调整。这就好像在绘制一幅现代油画，在色彩计划阶段，我们对整个画面进行初步的铺色，每个部分都有一个大的色彩倾向；在深入刻画阶段，我们就要使局部更加丰富细腻，在保持大的色彩倾向的同时，调入新的局部色彩，并调整局部中各种色彩的细微位置和比例关系（图5-7）。

图5-7　塞琳2002年发布会作品

这是著名女装品牌塞琳的2002年发布会上的小系列服装展示，长条色块表示每套服装的色彩比例。从中看到，它用两种主色——蓝色和深咖啡色将这个系列统一起来，主色之间有不同的搭配方式、不同的面积比例，因而形成色彩的节奏。其中，皮肤的色彩也加入到这色彩的变奏曲中，每套服装露出的皮肤的面积比例都有所变化，这种略带粉色的浅咖啡色也成了整个系列中的一个非常重要的色彩角色

二、系列色彩设计的内容

系列色彩设计可以分为以下两项内容。

（一）横向系列色彩设计

横向系列色彩设计是指对一个系列中不同款式的色彩进行组合搭配。在进行搭配的时候，须注意里外、上下搭配的色彩层次感。近来，服装零售业越来越注重陈列时的色彩搭配，希望以新颖的色彩搭配方式吸引消费者。因此，在产品设计时将陈列、穿着时的色彩搭配方案进行考虑和规划，将会有利于产品的销售。

这部分色彩方案在色彩架构表中有初步的计划，在具体的系列色彩设计时，可以对其进行微调，同时将每一块色彩应用到具体的产品、图案、配饰中去。

（二）纵向系列色彩设计

纵向系列色彩设计是指对同一个款式在面辅料品种不变的情况下，通过改变配色方案

来丰富产品，为消费者提供更多选择。由于现代服饰设计手法繁多、工艺复杂，因此纵向色彩搭配的内容也颇为繁杂。例如，为单个款式选定了三种色彩，然后应根据这三种色彩配好三种相应的面料、三种图案配色方案、三种辅料（如里料、绣花线、缝纫线、纽扣、织带、徽章、拉链、面料成分标牌等）配色方案等。这是一项需要耐心的工作，稍有疏忽，就会导致某个颜色的款式因配色不当而减少销售量，增加库存。

第三节　系列面辅料搭配

一、系列面料搭配的原则

系列面料搭配是指，按照主题要求对系列的服装进行面料搭配。系列面料搭配要遵循以下四项原则。

（一）风格统一

系列面料要符合本企业的总体风格、季度产品规划的季度风格和本系列主题的风格。一个系列必须形成一种统一的面料搭配方式，这种搭配方式将每种面料的特性都发挥得淋漓尽致、主次分明。好的面料搭配能使系列产品成功一半。

（二）控制面料品种

系列面料搭配的原则是以有限的面料品种搭配出丰富有序的设计变化。面料品种的控制主要是考虑到成本的因素，因此好的搭配使用的面料品种不多，但是经过各种处理（色彩面积、图案、比例的变化，面料肌理再造等），能达到丰富而时尚的效果。

（三）注重色彩与图案的搭配

注重色彩与图案的搭配是在系列色彩设计和系列图案设计中讲述，此处不再重复。

（四）注重肌理的统一与变化

面料的肌理带给人的是切身的感受，有视觉的、有触觉的，它是品质的体现。肌理的统一很容易做到，但在统一的前提下做出微妙的变化却不容易。有些面料在色彩和图案上都与主面料非常协调，但是在光泽度上却产生了不和谐的感觉，不适合采用。例如：一个系列产品要表现儿童柔嫩的气质，主面料是棉质的、哑光的，手感柔软、舒适，如果搭配一块很硬、很闪亮的绸缎面料就很不协调，而选择柔软的、有压皱效果的面料就很好。当然，这不是绝对的，有些产品的风格本身就是对比强烈的、混搭的，这种情况就可以使用强对比肌理效果的面料（图5-8）。

图 5-8 华伦天奴女装品牌

系列将哑光面料和有光泽的白色面料进行搭配,并对面料进行了镂空和起皱等处理来达到丰富的视觉效果。从中可以了解,在面料色彩相近的时候,可以着重拉开肌理效果以产生对比

二、系列辅料搭配的原则

(一)风格统一

辅料的系列化可以体现在使用相同的材料、相同的风格或相同的色彩,总之,有一种相同的元素,就会使产品之间产生联系,彼此呼应。辅料本身带有一定的风格倾向,搭配

时需与本企业产品风格一致。例如，蕾丝、缎带等辅料带有柔美的气息，钉珠、烫钻带有华丽的感觉，织带表现运动的气质，铆钉、铜扣则有硬朗的军队风格。各种辅料还可以混合使用，关键是它们的色彩、材质和款式之间应有内在的联系。

（二）品种相对固定

由于服装生产企业需要的辅料品种相对固定，因此，与辅料加工企业建立良好的、长期的合作关系非常重要。对于中小型企业来说，选择几种主要的辅料长期使用，只在款式、色彩、图案上做变化，这会使合作伙伴更为稳定。例如，有些女装企业着重在花边和绣花上大做文章，既缩小了外加工的范围，也形成了一种产品特色。有些女装品牌的设计特色在烫钻图案的变化上，得到市场认可后，既可大批量采购以降低价格，也可以形成强大的设计优势，让设计师在一个方向钻研下去。

（三）注重辅料色彩与造型的统一和变化

辅料的色彩可以与系列服装产品一致，也可以形成对比，起到画龙点睛的作用。辅料的造型应与服装产品的造型风格一致，如果服装的圆弧线条多，款式比较可爱，那么辅料也可以采用圆的造型；如果服装很简洁利落，直线条比较多，那么辅料也应采用简洁的直线造型。

（四）注重材质的统一和变化

辅料的材质非常丰富，可以形成非常微妙的肌理美感。一个系列产品中的辅料质感也可以在统一中有变化，如可以都使用金属扣，但是有些使用铜扣，有些使用铜与皮革镶嵌在一起的装饰扣。这种细节材质的变化将吸引消费者的目光，提高产品的销售额。

第四节　系列款式设计

一、系列款式设计的原则

系列款式设计是指以主题为中心，设计出一系列的服装款式。服装的款式设计是构成服装设计的三大基本元素（款式、色彩、面料）之一。款式设计中除了涉及对服装的领、袖、肩、门襟等具体部位式样、形状的变化外，还包括了影响服装整体变化和视觉印象的关键环节——外形轮廓线的设计。

系列款式设计遵循形式美的原则，如重复、节奏、渐变、对称、均衡、比例、对比、调和等。例如，系列款式的节奏感可以从以下几个方面体现。

（一）外轮廓的节奏

一个系列的产品可以有类似的外轮廓，形成一种鲜明的特色，如 A 型的长风衣、A 型的短外套、A型的喇叭裤、A型的短裙等，这样就形成了一个系列。有些品牌在整个季度的新产品中都使用相似的外轮廓，以便形成一种独特而可识别的产品风格（图5-9）。例如，近几年迪奥女装的外轮廓总是呈现X型，突出胸部，收紧腰部，扩大臀部，整体上塑造了性感、妖娆的女性形象。

图5-9 图为"朋克女王"维维安·韦斯特伍德产品发布会上的一个系列
整个系列体现了她一贯的解构风格，对传统的破坏和再造的勇气首先体现在服装的外轮廓线上，外轮廓总是不确定的，总是柔软而变化多端的，表达了设计师敏感、躁动的气质

（二）结构线的节奏

不在外轮廓做文章，也可以在结构线的设计上形成别致的风格。同一系列的不同产品，可以在不同部位的结构线上使用类似的设计手法，以达到呼应的效果（图5-10）。

（三）细节的节奏

一个细节可以成为整个系列的线索，前提是这个细节正在流行，并且很精彩（图5-11）。例如有很多褶皱的口袋，可以出现在外套的前面、裤子的后面、裙子的腰部、衬衫的下摆处等多处以形成细节的节奏变化。

图 5-10　朋克女王维维安·韦斯特伍德发布会上的系列产品

可以看到，她在每款服装的结构线设计上都用了同一种手法——抽皱，在各个服装的侧线、门襟线、领线等处，起伏的布纹再一次形成节奏，并与不规则的外轮廓相呼应，打破了常规设计的单一性

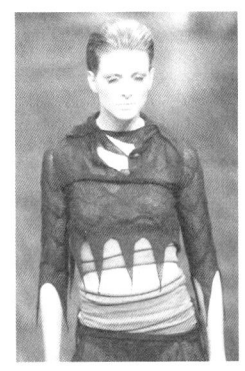

图 5-11　维维安·韦斯特伍德在其系列产品中反复使用了尖锐的三角形下摆这个细部设计元素

二、服装外轮廓设计

外形线也称轮廓线，对应的英文是"Silhouette"。在许多英语服饰辞典里，往往将服装以轮廓线来归类，说明了外形对于服装款式的重要性。物体的外形能给人以深刻的视觉印象。外形主要涉及的是物体的边界线。美国美学理论家鲁道夫·阿恩海姆（Rudolf Arnheim）在其著名的《艺术与视知觉》一书中有着精辟的阐释，"三维的物体边界是由二维的面围绕而成的，而二维的面又是由一维的线围绕而成的。对于物体的这些外部边界，感官能够毫不费力地把握到。"服装作为直观形象，首先呈现在人们视野中的是剪影般的轮廓特征——外形线。

服装外轮廓的变化是款式设计关键的一项，是服装流行变换的重要特征之一，也是服装最能体现时代特点的要素之一。它不仅表现了服装造型风格，也表达了人体美；不仅是单纯的造型手段，而且也是时代风貌的一种体现。它作为一种单纯而又理性的轨迹，是人类创造性思维的结果。

服装外轮廓线的设计，鲜明地表达了设计师的设计理念，可以从肩线、胸围线、腰围线、臀围线、裙侧缝线、裙摆、裤侧缝线、裤脚口、袖山、袖缝线、袖口等多处着手。系列产品的外轮廓应有统一的风格，要么很硬朗，要么很柔媚，要么很规整，要么很随意。

三、服装内结构设计

服装内结构是相对服装外轮廓而言的，轮廓是外形，内结构是具体的塑型方法，用平面材料的裁剪、拼接、支撑和堆积等手段解决材料与人体的依附和空间设置。在服装设计中，内结构是不可或缺的基础要素。以内结构为中心的设计，蕴含着理性和智慧的光芒，十分耐人寻味。内结构设计包含三方面的因素：功能性结构、生产性结构和审美性结构。

（一）功能性结构

首先是穿着舒适的内在功能。服装结构的概念依据自然人体而建立，充分了解人体的静止状态与活动状态是进行设计之前的必修课。正常穿着的服装首先应具备合体、舒适、便于活动等功能性特点。其次是附加和扩展的服装外在功能，以适应不同的人造环境和自然环境，如运动服、羽绒服等。

（二）生产性结构

服装材料大多是柔软的纺织品，而非可以随意切割、粘贴的纸张或金属，所以必须确定服装的裁剪、缝制、整烫等加工技术的可实现性以及服装制成后的牢固实用性。

（三）审美性结构

服装结构设计如同建筑设计般充满变化。正是通过在结构技术上的突破和创新，人们造就了服装史上千变万化的款式。审美是促进结构变化的一大诱因，求新求变、喜新厌旧是人们共同的心理追求，推动着时尚的前进，表现在结构设计上也是如此。

四、服装细部设计

服装细部设计，通常值得特别端详和品味。细部中具有精妙别致之处，往往表露出一种美妙的情感意趣。在人的视觉感受中，细部通常是精彩、生动的点缀，成为设计的点睛之笔。服装中的细部无疑是设计表达的重要部分，聚集了口袋、襻、褶、扣、结、图案等局部的造型表现。一般来讲，服装设计除去外形与结构、色彩与面料的变化所产生的新意外，有关细部的推敲也常常会带来一种新的感受，尤其当这类细部的创作几近艺术的完美时，服装就多些新颖、别致的意味。

服装细部的设计，可以从以下几个主要方面着手：领子的设计、袖子的设计、口袋的设计、褶裥的设计和其他细部的设计。

常言道，于细微处见精神。美学理论里也常常阐述局部与整体的关系。服装设计师要把握服装的整体造型、色彩及面料的选择，但这几个方面往往被国际流行趋势和本品牌的设计计划所制约，对于身处激烈市场竞争环境的设计师来说，服装细部就是发挥灵感的重要机会，是区别于他人而取得成功的秘诀所在。

第五节　系列图案设计

一、系列图案设计的含义

图案在我国民间或传统中称为花样、图样、模样、纹样等。它是将生活中的形象进行艺术加工，使其造型、结构、色彩、构图等达到实用与装饰的目的。图案要求适合生产和材料的运用，是对造型、色彩、构图、规格等的构思、设想所进行的一种艺术创作。广义的装饰图案，是根据所有工艺美术品、日常生活用品或工业产品的造型、构成、色彩以及纹样的预先设想而绘制成图样的总称。狭义的装饰图案，是指某种器物上的某些部位的装饰性花纹或图形。

服装图案以装饰、美化服装为主要目的。服装图案有两种表现形式，一种是染织图案，如各种纹样的服装面料；另一种是在具体服装上，或刺绣、或绘制、或编织、或烫钻、或采用不同质地的面料搭配设计形成的图案装饰。国外一些著名的服饰品牌很早就从面料图案着手，以提高产品的新颖性，如三宅一生、范思哲等品牌都是以面料的华丽、变化多样而闻名。

系列图案设计是指以设计主题为中心，根据该系列的款式和色彩来设计相应的系列图案（图5-12）。随着服装业竞争的日益激烈，目前一些服装企业也专门设立了服装图案设计师这一职位来专门负责图案设计工作。

图5-12　扎克·马尔（Zac Marr）男装系列，服装图案以现代派的人物头像为主题，进行系列化设计

二、系列图案设计的原则

服装图案与其他装饰图案一样，在艺术规律及形式法则方面是相通的。系列图案设计应遵循以下原则。

（一）风格的统一与变化

当系列产品以图案为设计点时，图案设计就可以在风格统一的前提下变化多端，使产品具有不同的个性；如果该系列产品在其他方面已经有亮点，如款式变化多样，则图案设计可以非常接近，甚至在不同款式上使用相同的图案，只是改变图案的大小或位置，这样就把整个系列统一起来。

（二）工艺的统一与变化

通常，一个系列产品的图案应尽量使用同种工艺，以降低成本。目前服装企业对图案的加工集中在印花、绣花、烫钻等工艺技法上，市面上各种印绣花工艺层出不穷。如何既丰富设计又控制成本，是设计师面临的一个重要问题。

如在 Dior 品牌的一个系列产品的图案设计中，反复使用了深深浅浅的红色纱布、织带、花边、缎带装饰等，以不同的组合方式、相近的工艺处理方式，放在不同产品的不同部位，形成丰富而有秩序感的视觉效果（图 5-13）。

图 5-13　迪奥品牌系列以"Dior"标志为设计主元素，加以反复和变化，形成统一而丰富的系列产品

第六节　系列服饰配件设计

一、系列服饰配件设计的含义

系列服饰配件设计是指根据单系列产品的风格，设计相应的服饰配件，如帽、包、围巾、腰带、手套、鞋、袜等。

系列服饰配件设计通常是与系列服装设计同时进行的，这里单独讲述是为了使读者更加清楚其方法和原则。服饰配件与系列服装产品是一个整体。早期的服装企业一般不开发服饰配件，近年来多有设计，也是市场竞争激烈的缘故。企业为消费者提供了风格一致、可供搭配的服饰配件，省去了消费者自己搭配的麻烦，提供了更好的服务，提高了自己的竞争力。著名品牌普拉达（Prada）、迪奥的服饰配件产品的销量比重日益增大，这大概与服饰品既带有品牌的高附加价值，价格又相对便宜且搭配效果丰富有关。

服装企业进行系列服饰品开发，与专门从事服饰品开发的企业有一定的区别。后者在开发时，虽然也有系列产品，但面对的是市场上各种各样的服装，要求具有很广的适应性。而前者，主要是针对本企业的服装产品进行搭配设计，有比较鲜明的风格特点。

二、系列服饰配件设计的原则

系列服饰配件设计在遵循系列产品设计的三大原则——统一变化、主题突出、层次分明的同时，还应遵循以下原则。

（一）易搭配

系列服饰配件设计的第一个原则是与系列服装产品风格一致，便于搭配。因为服装企业并非服饰配件企业，这部分产品不是主打产品，只是起到搭配和烘托的作用，所以首先应该与系列产品的风格保持一致。一致性可以表现在色彩、面料、款式风格、图案等多个方面。有时服饰配件与服装产品的色彩不仅不一致，而且还会形成对比，这时服饰配件就起到画龙点睛的作用。例如，著名品牌贝纳通经常推出色彩鲜艳的围巾，与服装形成强烈对比，但也因此塑造了极具活力的服饰形象。

（二）与众不同

服饰配件以设计别致为佳。如果所设计的服饰配件与消费者在其他地方选择的服饰配件没有什么区别，那就失去了竞争能力。因此，与众不同是系列服饰配件设计的基本要求。与众不同其实并不难做到，在服饰配件上印上本品牌的标志图案就是一个简单易行的方法。著名品牌迪奥就是如此，每年，印满了该品牌标志的手袋以其时尚的款式、鲜明的品牌印记吸引了众多品牌爱好者的追捧（图 5 - 14）。此外，路易·威登、芬迪（Fendi）、夏奈儿等品牌在此方面也有异曲同工之妙。

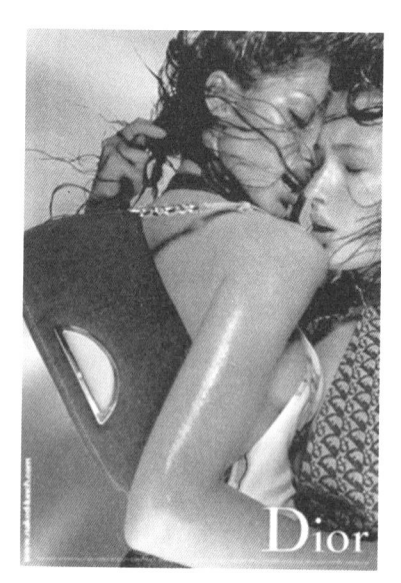

图 5 - 14　迪奥系列服饰配件设计

（三）加工方便

由于服饰配件的加工工艺与服装产品有很大区别，服装企业没有相应的设备，因此一般都采用委托外加工的方式生产服饰配件。设计时须考虑生产周期较长和打板较麻烦的外部因素，尽量将重点放在色彩和图案上，减少工艺结构上的变化，降低加工的难度。例如休闲品牌衣本色（Ebase）经常将服装产品中使用的印花面料制作成头巾，既时尚又和服装相呼应，成本也低，构思非常巧妙。

思考与练习

1. 系列设计的概念是什么？
2. 系列设计与单款设计相比，有何优点？有何难点？
3. 试设计两个主题系列（每个系列 6~10 款，男女不限）。

第六章　产品核心图案

本章要点：通过本章的学习，应掌握产品核心图案的概念、了解核心图案的拓展应用。

第一节　产品核心图案的概念

服装产品除了其功能性，更多的是体现品牌强烈的风格、形象和设计思想，这就是产品的核心精神。产品的核心精神主要是通过产品核心图案在视觉识别系统中进行强化的，产品核心图案是整个视觉识别系统的重要因素，可以强化产品的视觉形象、丰富品牌形象的内涵，其表现形式多样。

服装企业营造鲜明的品牌风格与产品形象都是为了把产品的核心精神传达到每个消费者的意识中，以达到稳定忠实消费者的目的。这就需要服装产品的识别系统有意识、有计划地使用策略，对服装的图案、颜色、面料、造型、结构等进行统一的设计规划，使消费者对该企业生产的服装有一种相同或相似的认同感。服装产品视觉识别可以让消费者捕捉到服装产品所蕴含的企业文化，从而增强消费者对服装品牌的忠诚度。简而言之，产品的核心精神识别就是在具有特征性的图案基础上，让消费者能快速识别出该品牌，并能记忆在脑海深处，进而慢慢感受到丰富的审美体验。在这个传达和感受的反复过程中，品牌的持久吸引力被建立起来。图案不仅具有识别功能，更逐渐演变成为一种时尚图腾，带有深刻的含义和广泛的影响力。这些图案就是产品的核心，是产品核心精神的重要体现，是服装产品不可或缺的组成部分，也是吸引消费者的重要因素。

核心图案从辅助图案演变而来，也就是说，其本来目的是为了在视觉识别系统中起辅助作用。早期的产品核心图案主要是把品牌的标志展示出来，仅作为商标来体现。但随着企业竞争日趋激烈，核心图案逐渐渗透到产品的各个方面，表现形式也更加丰富。产品核心图案可以是品牌的商标，也可以是商标的拓展变形。例如夏奈儿的"双C"标志、路易·威登的"LV"标志，都是直接将品牌商标作为核心图案来表现其产品核心精神（图6-1）；李维斯的"双曲线"、夏奈儿的菱格纹、路易·威登的四叶草等则是将核心图案拓展变形来表现产品核心精神（图6-2）。

图 6-1　路易·威登的"LV"标志在产品上表现

图 6-2　李维斯的经典"双曲线"

案例

　　Play 的红色心形图案是品牌图案识别系统的核心（图 6-3）。消费者在最初看到这个图案的时候，不仅会很自然地联想到这个品牌，而且会联想到它是来自日本的"潮牌"。这归因于日本国旗的色彩特点，进而拓展到日本当代的许多设计中，几乎已经成为一种"符号"性元素。这也恰恰体现了川久保玲的日本式设计哲学的力量所在——民族的就是国际的。

　　在红心形图案之后，Play 推出了几款新的心形图案："黑心""绿心""红线心""黑线心""金心""蓝眼心""迷彩心"。心形图案的造型相同，颜色不同，是品牌内涵向不同方向的延伸。黑色是川久保玲最爱的颜色，也是让设计师能够一夜成名的颜色，黑色使心形图案更加贴近设计师的设计理念，强化了川久保玲的"教母"效应。

图 6-3　Play 的心形图案

第二节　核心图案的拓展运用

当核心图案被用于商业宣传领域的时候，除了其本身的美感，还要服从服装设计的整体要求。一方面必须能够清晰地表现产品的相关信息；另一方面又要求能够最大程度地吸引人们的注意，激发人们的购买欲望。这时候，用核心图案来表现巧妙的创意往往可以起到事半功倍的效果。有创意的核心图案不仅可以达到商家的宣传推广目的，也能够给观者带来审美、交流等方面的满足。设计者在设计此类图案时，应该具有敏锐的观察力，善于打破常规的心理模式，能够从人们习以为常的事物中发现不同寻常的"闪光点"。

在规划服装视觉识别系统的时候，一旦核心图案确定后，就需要进行一系列的拓展，以建立起多层次的品牌视觉识别系统。如此一来，既可以使产品之间具有连贯性，又可以使消费者在通过一个产品系列认同并接受了该品牌之后，更加容易地接受其他相关联的产品系列。核心图案的主要拓展方法有以下五种。

一、变形

变形是对核心图案的自然形态进行装饰变形，从而使特征与个性更加突出、典型（图6-4）。

图6-4　阿迪达斯核心图案的拓展运用变形

二、局部运用

局部运用是对核心图案的放大，选择最有表现力的部分结合产品的特点，以突出整体的特征与个性（图6-5）。

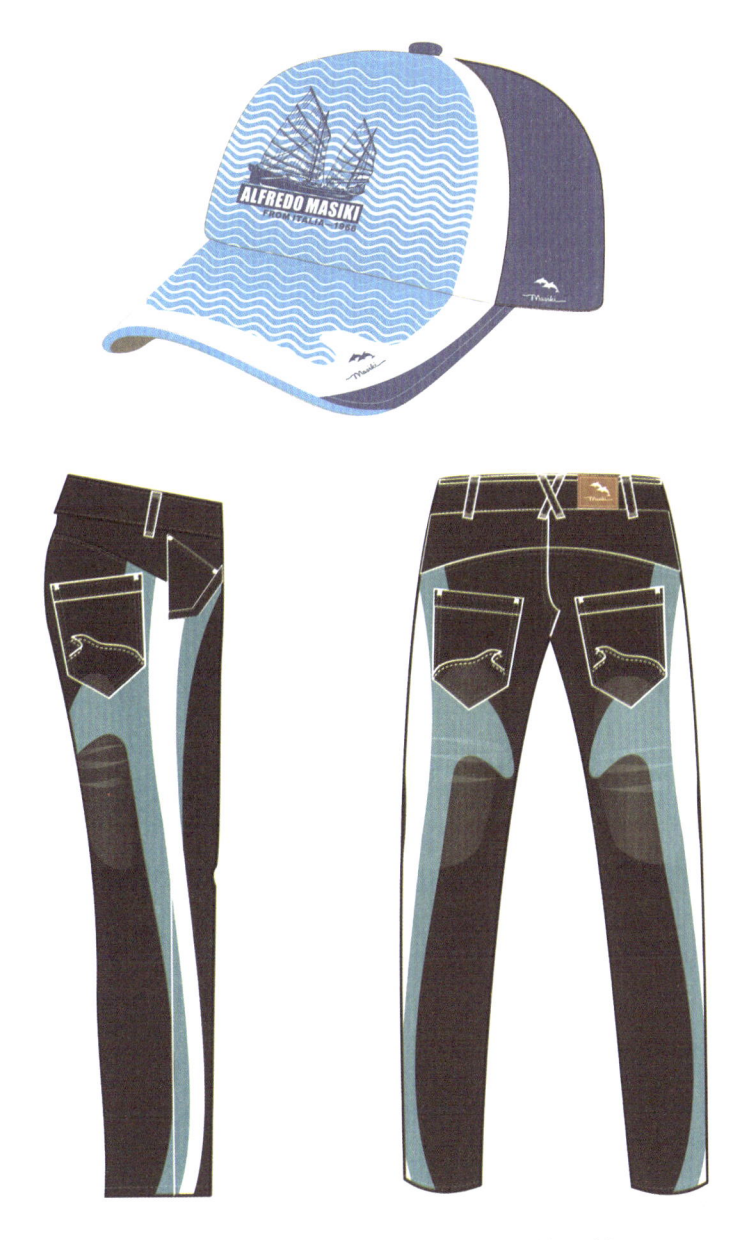

图6-5 马思琪核心图案的拓展运用局部运用

三、添加

添加是运用附加组合的方式在核心图案中增加装饰，使其更加丰富、理想（图6-6）。

图 6-6　阿迪达斯核心图案的拓展运用添加

四、分解

分解是运用形与形之间的相互叠合，或者是运用点、线、面对图案形象进行分割，以达到更加丰富多变的装饰效果（图 6-7）。

图 6-7　2008 年北京奥运会祥云图案的拓展运用分解

五、借喻

借喻是一种借用趣味性的图形来填充、完善核心图案主题思想的方法（6-8）。

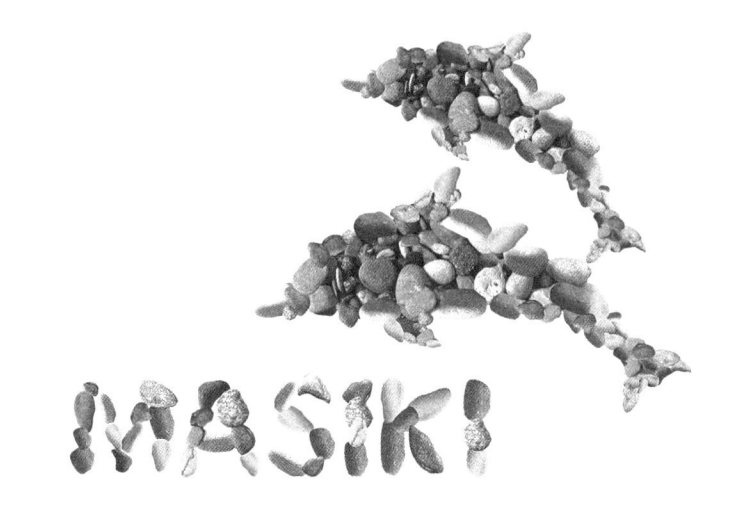

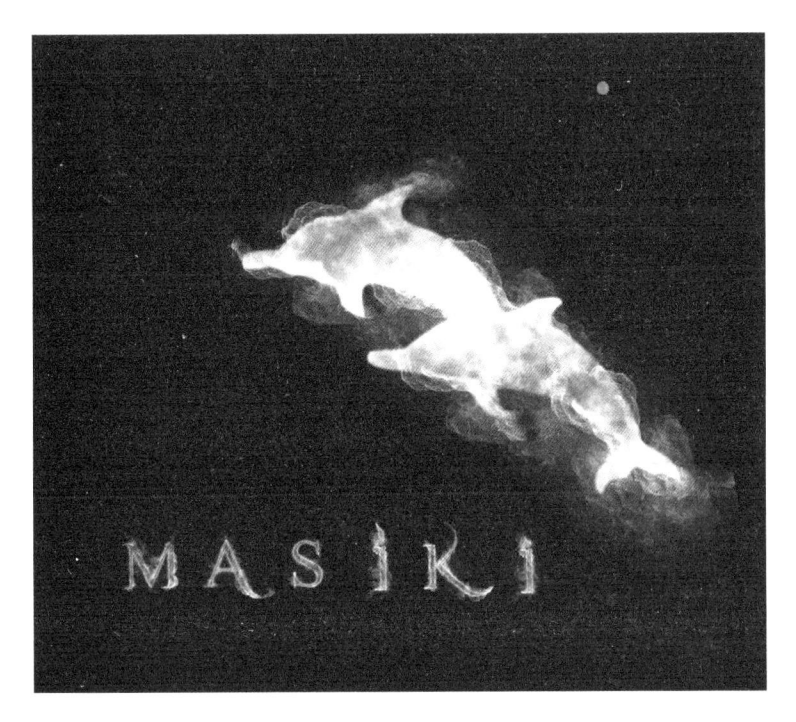

图6-8 马思琪核心图案的拓展运用借喻

思考与练习

1. 什么是产品核心图案？
2. 核心图案的拓展方法有哪些？
3. 请选择一个运动服装品牌，分析其核心图案的具体拓展运用方法。

第七章　设计评价、筛选与反思

本章要点：通过本章的学习，应了解服装品牌中设计评价产生的环节，掌握设计评价的三个标准、四个维度和一个准则。

在产品规划中，有几项贯穿始终的工作，不断地在审视设计的进程、调整设计的方向，保证设计的有效性，这就是设计评价、设计筛选与设计反思，它们是在整个设计过程中的监督者、医生和法官。

第一节　设计评价

一、设计评价产生的环节

（一）产品开发阶段

产品开发阶段设计评价的对象是未上市的新品，它有一定的风险性，所以设计评价的目的主要是确认新品对品牌的价值，评估风险值的高低，为大货生产提供参考。在此阶段参与产品设计评价的应是企业的领导（或产品总监）和各个部门的主管——设计部、形象部、销售部、样衣制作部、采购部、计划部等。每个部门从自己的角度给予评价意见（图7-1），企业的领导或产品总监最后决策。

设计部：主要评价该产品的设计品质，产品风格是否符合本品牌的定位，色彩、造型、图案、细节、面辅料、工艺等是否有所创新。

形象部：主要从品牌形象的角度衡量该产品是否吻合品牌的总体形象，是否设计得过于激进而脱离了品牌在消费者心目中固有的形象，是否足够创新、符合目前公司的品牌形象重塑策略。

销售部：主要从消费市场的角度评价产品的市场适应性，一方面以上一年类似产品的销售业绩为参考，另一方面以当年的消费新趋势为参考来判断客户对此类产品的如何反映。

样衣制作部（板房）：主要从样衣制作的方面评价其工艺的可行性与加工成本等方面的问题。

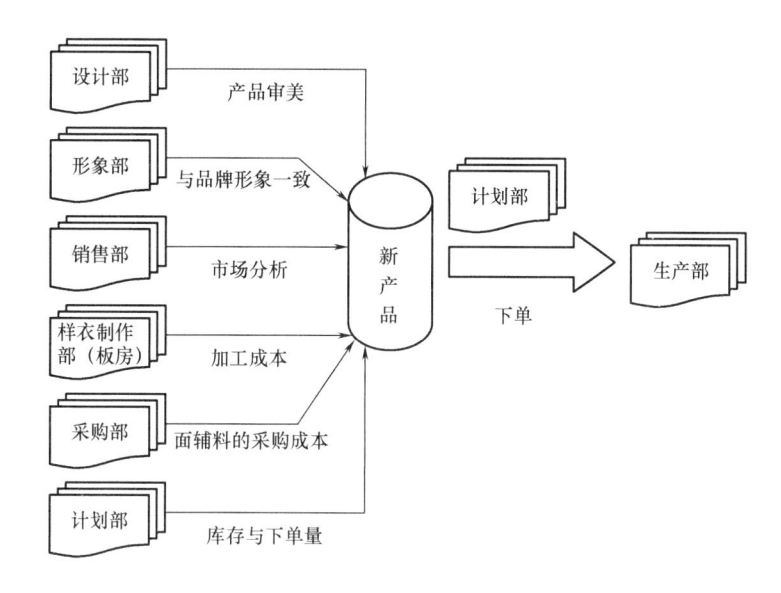

图 7-1 研发阶段产生的设计评价

采购部：主要从面辅料的采购成本方面来衡量该产品的制作成本。

计划部：主要从市场、生产加工能力和库存状况等多方面综合判断该产品的下单量。

（二）产品销售阶段

产品销售阶段的设计评价主要是搜集、整理市场对产品的反馈数据，分析热卖产品背后的原因，调整当季补充的新品开发的方向，同时为下一年的开发计划提供参考，主要由设计部和销售部参与。在此阶段，可提炼出明星产品、畅销产品、滞销产品三大类别，并针对这三类产品采取相应的产品研发策略。

明星产品是本品牌较有特色的新产品，有很好的销售势头和上升空间，可加大开发力度，补充更多同类产品，提高产品质量，以更强有力的方式占领市场；畅销产品是指已经在市场上站稳脚跟、消费者较为认可的产品，不需要花费太大的力气就能保持不错的销售业绩，这类产品要解决的问题是降低成本，提高利润空间；滞销产品是指已经落后于消费市场的产品或过于创新、不被消费者认可的产品，这类产品的市场份额不大，上升空间不多，可减少产量，不再开发同类产品，产品销售趋势的市场反馈如图 7-2 所示。

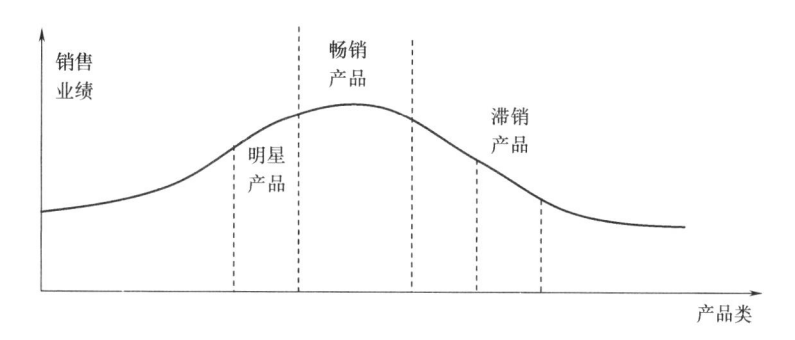

图 7-2 产品销售反馈调节

二、设计评价的对象

设计活动的最终目标是要获得一个满足一定需求的最优设计方案,而最优设计方案的选择是通过设计评价来实现的。设计评价的对象主要包括两个方面,一是对构想的评价,另一个是对产品的评价。

(一) 对构想的评价

构想的评价项目主要有:
(1) 新构想是否符合本企业的定位。
(2) 新构想是否有新意。
(3) 新构想是否具有市场价值。
(4) 新构想是否可以通过可获得的技术实现。
(5) 实施新构想的成本是否可以接受。

(二) 对产品的评价

对产品的评价非常复杂,需要多方面进行考量,从产品设计评价的标准进行进一步的讨论。

三、设计评价的标准

(一) 一个核心准则

在设计开发的过程中,新产品较多,时时要衡量这四个方面的满意度并不容易。那么,最核心的准则是什么呢?这又回到了品牌定位的问题。

品牌的定位决定了目标消费群,决定了产品的风格,决定了产品的成本范围,设立了艺术品位的方向、技术品质的底线,是产品评价的最核心准则。以品牌定位为坐标,那么好的设计就是相对的了,同一个设计,放在品牌 A 可能是好的设计,放在品牌 B 可能就是不好的设计,要被淘汰掉的。例如,同一款男装夹克,放在劲霸和放在卡宾就必然是不一样的评价结果(图 7-3)。

(二) 开发设计的三个标准

因为本书主要围绕产品开发来展开,所以接下来主要介绍在产品开发阶段、设计部内部进行的设计评价。

在设计部内部,几乎每时每刻都产生设计评价,"这个款式不错""这个颜色要调整一下""面料搭配得不好""这个口袋设计得很精彩"等,此类声音不绝于耳。那么,怎样才是真正好的设计呢?

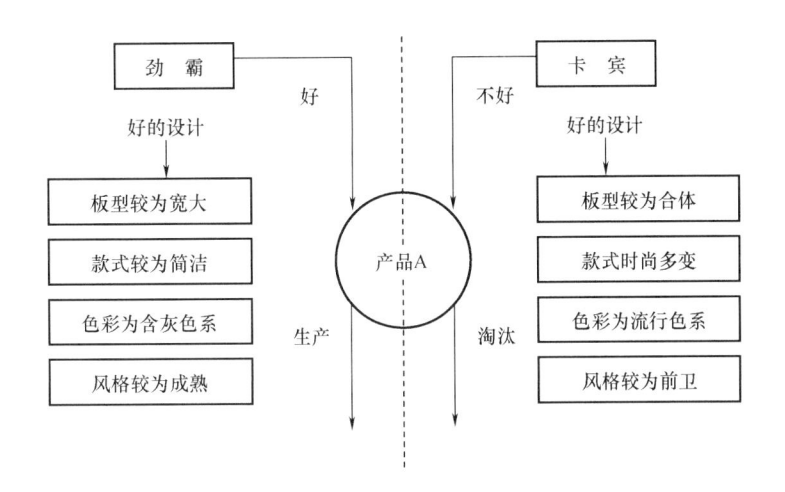

```
        劲霸                         卡宾
         |  好              不好       |
      好的设计  ↓              ↓   好的设计
         ↓    ＼            ／       ↓
    ┌─────────┐  ＼        ／   ┌─────────┐
    │板型较为宽大│   ╭────╮      │板型较为合体│
    └─────────┘   │产品A│      └─────────┘
    ┌─────────┐   ╰────╯      ┌─────────┐
    │款式较为简洁│   ／    ＼     │款式时尚多变│
    └─────────┘  ↓生产   ↓淘汰  └─────────┘
    ┌─────────┐                 ┌─────────┐
    │色彩为含灰色系│               │色彩为流行色系│
    └─────────┘                 └─────────┘
    ┌─────────┐                 ┌─────────┐
    │风格较为成熟│                 │风格较为前卫│
    └─────────┘                 └─────────┘
```

图7-3　不同品牌的评价体系不一样

有学者指出，利用艺术设计方法制作的产品，不仅在技术上应该是完善的和经济的，而且在使用上应该是舒适的，在外观上是美的。也就是说，它要符合"实用＋舒适＋美"的公式。这个公式的每一项都是一定因素的总和。第一项是技术和经济因素的总和，第二项是人体工程学因素的总和，第三项是审美因素的总和（图7-4）。

$$\boxed{\text{好的设计}} = \boxed{\text{实用}} + \boxed{\text{舒适}} + \boxed{\text{美}}$$

图7-4　好设计的公式

正如印度设计家维杰·格普泰所述：设计质量"这一问题有两个方面：其一，对性能或质量的各个方面必须有一种有效的标准；其二，要把这些独立的标准组合起来，使之具有一种有效的组合标准，在这种有效的组合标准的基础上，才可以对各种不同的设计方案进行全面的比较。"所以，将三个标准细化后列出了下面三类指标。

1. 技术性能指标的评价

这一类指标主要包括：适用性、可靠性、适应性、合理性。

（1）适用性：主要指符合服装产品使用效能方面的一些指标，如服装产品的保护性、舒适性以及便利性等。

（2）可靠性：是指使用者对产品质量的信赖程度或对企业的信赖程度。具体来说，可靠性是指在规定的时间内与规定的条件下，服装产品的耐用性、易保养性（主要受面料及工艺因素影响）。

（3）适应性：是指服装产品适应时代和科学技术发展以及人们需求的能力。例如，服装产品适应了流行趋势和人们的消费心理等。

（4）合理性：是指服装产品合乎美学原理的原则，同时合乎物理的原则。例如，人与服装的关系、服装产品对环境以及对人健康的影响等。

2. 经济性指标的评价

这一评价指标占据着极其重要的位置。因为只有当为实现某项设计而付出的代价小于能从该项设计中获得的利益时，才算是有价值的设计。若以利润来衡量设计价值的大小，则是只有当预期的利润收益大于费用，才是有价值的设计。与此同时，还必须考虑资金的可行性问题。换言之，从经济性的角度来评价设计时，只有那些可赚取利润的设计才是好的设计。

一般服装产品的成本包括：设计开发费、一般管理费、生产费、销售费，再加进收益指标（如成本降低额、使用费用节约额、年利润收入额等），就构成了产品经济指标的评价项目。

3. 美学价值指标的评价

这一类指标主要包括服装产品的外形、色彩以及对使用者的视觉冲击力等方面的内容。

（三）四个维度

著名设计师穆文·凯兰斯基❶在一个讲座上画出了一个草图（图7-5），在图中有四个不同的图形交叠在一起。他解释道：这四个区域代表设计所要衡量的四种对象的需求，消费者、设计师、企业、环境，中间的重叠部分就是能同时满足四个对象需求的设计，是好的设计。这也是设计评价的四个维度。

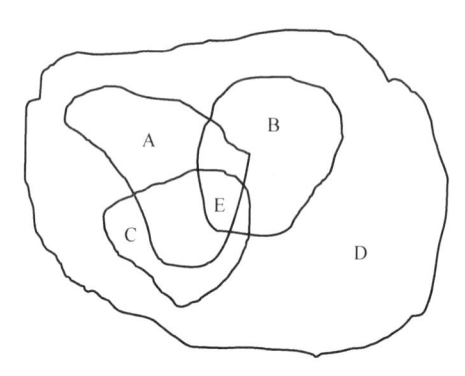

A. 消费者需求
B. 设计师需求
C. 企业需求
D. 环境需求
E. 满足四个方面需求的好设计

图7-5 好设计的四个维度

---

❶ 穆文·凯兰斯基（Mervyn Kurlansky）1936年生于南非约翰内斯堡，毕业于伦敦中央圣马丁艺术设计学院，1969年加入"克罗斯拜—佛莱彻—福布斯"工作室（Crosby/Fletcher/Forbes），1972年联合创立五星设计（Pentagram），1993在五星设计退休后前往丹麦定居。国际平面设计联合会（Icograda）前主席，世界可持续性创意中心创办人之一，世界平面设计协会会员（AGI），丹麦设计师联合会会员（ADD）。

1. **产品需要满足消费者的需求**

满足消费者的需求是众所周知的设计标准,本文就此问题不再展开论述。

2. **产品能满足设计师的精神需求**

如设计师被肯定、尊重、实现了自我等,也是一项重要的指标。事实上,设计师的内驱力正是服装设计业向前发展的真正动力,一种对完美的不懈追求、对自我个性的充分表达,都是产品创新的原动力。好的设计评价应在准确把握品牌总体风格的前提下,及时挖掘设计师的独特个性,并通过对产品与设计师个性之间的关联性分析,不断引导设计师将个性发挥到最佳状态。

3. **产品能满足企业需求**

企业希望产品的设计创新与开发成本达到平衡,在保证设计创新的同时,尽量降低设计成本,才可能保证企业有更大的收益。

4. **满足环境(社会环境与自然环境)的需求**

满足环境需求是具有行业道德的表现。设计如果仅仅从人类自身出发,必然会忽略其对环境的影响,甚至可能酿成大祸。在设计中要加强环保意识已成为较具实力的设计机构的共识,这种关注环境的态度反过来又可能为企业带来良好的声誉与商业回报。

综上所述,设计评价是一个复杂的、多标准、多维度的过程,它产生于企业产品开发和销售的多个环节,依据不同的评价对象和评价目的,有不同的角度,但作为当今发达的商业活动的一部分,好设计的核心准则是要符合品牌定位,在这个大前提下,可在三个标准和四个维度等方面对服装产品进行评价。

第二节 设计筛选

设计筛选指的是在新季度产品开发过程中,对设计图稿和样衣的筛选。筛选工作伴随着整个新季度产品的开发过程(图7-6)。

一、设计图稿的筛选

对设计图稿的筛选通常由设计总监(或设计部经理或设计主管)负责。一些批发品牌以设计的速度和产量来取胜,因此设计师们每天的设计工作量非常大。设计总监必须在这些设计图稿中挑选出确实值得打样的作品来。这里的把控存在两个风险:不好的设计送去打样,浪费人力、物力;好的设计被筛选掉了,没有打样,则浪费了创意,损失了潜在的利润。因此,设计总监在筛选图稿时必须做到宽容与挑剔兼具。

二、设计成品的筛选

设计成品即样衣(又称样板)。样衣的筛选过程多被称为审板,通常由与产品相关的

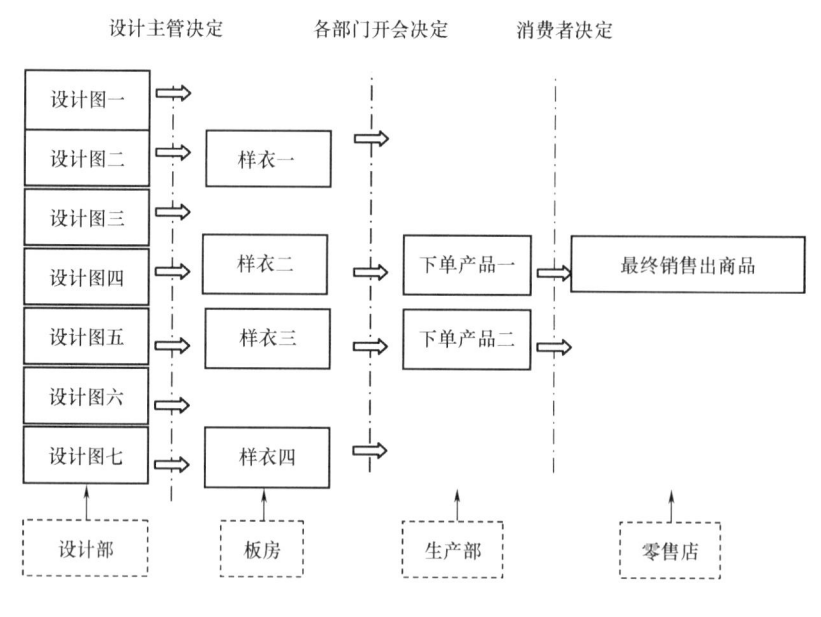

```
设计主管决定      各部门开会决定    消费者决定
```

图7-6 设计筛选的过程

各个部门主管共同参与（几乎是所有部门）。各个部门主管会从不同的角度为新产品提意见。例如，销售部根据上一年类似款式的销售量对样衣进行评估，面料部对样衣的面料价格和性能提出质疑，辅料部报告样衣的辅料采购周期，样衣制作部对样衣工艺的复杂程度和可生产性提出意见等。审板对整个企业都是一个重要内容。

三、订货会上的产品筛选

所有的样衣都制作完毕后，需要通过订货会向客户展示新产品，这是国内服装批发企业常用的方式，由各地的代理商前来订货，企业再根据所下订单的数量确定本企业的生产数量。当然，并不是订货会上所有的样衣都会有好的订单，因此不是所有的样衣都将投入生产。

四、零售商品的筛选

当新产品由生产商制造出来，由各个批发代理商选购到各个地区，再输送到零售商的货架上，这个过程已经充满了许许多多专业人员的精心筛选。但是，商品依然还要经过最后一道筛选，这就是消费者的选择，这道选择最终决定商品的价值（如是否需降价甩卖等）。

第三节　设计反思

设计反思是指对已经设计出的产品进行审视，整理刚刚结束的设计思路，看看哪个方向是正确的，哪种做法是不必要的；对各个系列产品进行调整和重组。设计反思一般是伴随着产品开发的整个过程的，阶段性地进行设计反思有助于明确方向。

设计反思的内容主要包括：

（1）新产品的整体风格是否延续了原来的品牌特色，是否融入了新的流行风貌？
（2）现在已经在销售的产品，其销售情况对新产品有何启发？
（3）消费者是否会喜欢新产品？
（4）新产品的系列是否太多或太少？
（5）还有哪些未被深入挖掘、但又有潜力的设计元素？
（6）现有的设计师分工合理吗？是否发挥了他们的最大潜力？

需要进行设计反思的不仅仅是设计管理者，也包括整个设计团队。如果每一位设计师在开发新产品的过程中，都能够在工作进行到一定阶段时停下来，问一问这些问题，那么这将是一支既富有激情又拥有理智的队伍。更为重要的设计反思是在整个新季度产品销售结束后，对销售情况进行总结分析，找出最畅销的和最滞销的款式，分析其原因，这对新一轮的开发工作有重要的参考价值。

由于服装设计工作必须在销售季节前完成，因此多少带有一定的盲目性和试探性，再加上消费者的爱好反复无常且市场的状况也是千变万化，这也为整个品牌的经营方向增加了更多的不确定性。所以，整个设计团队的学习能力和总结能力特别重要，它必须通过不断的探索和实践，反复循环，才能形成有力的设计评价能力、设计筛选能力和设计反思能力，最终成为一支具有强大力量的队伍。

思考与练习

1. 设计评价主要产生于哪两大环节？
2. 设计评价的三个标准是什么？
3. 设计评价的思维维度是什么？如何平衡？
4. 设计评价的核心准则是什么？
5. 请选择两个著名牛仔品牌的产品，对其进行设计评价和比较。

第八章　服装产品订货会

本章要点：通过本章的学习，应掌握服装产品订货会的流程、订货手册的制订方法、了解如何引导订货。

第一节　流程制定

一、服装产品的订货会的价值

服装产品订货会是服装企业邀请经销商集中订货，再根据客户订单分批、分次出货的一种市场运营方式。各品牌服装企业每年至少要开两次以上订货会，主要分为春夏、秋冬两次订货会，企业通过订货会现场模特展示、导购解说引导经销商订货，最后根据订货量，制订、安排全年的生产、销售计划。

订货是服装零售店铺经营过程中非常重要的工作之一。订货的好坏，决定了当季销售业绩。拥有一盘好货，并配合店铺的陈列形象、导购的推介，就会事半功倍；相反，如果订的货不够理想，后期的工作就要困难许多了。

我国服装市场的初期是一个服装批发的时期，那个时候，少数品牌公司转型做专卖，并实行订货制。到如今，绝大多数的品牌公司都已经实行了订货制，有些甚至是买断订货制。

那么，我国的服装市场为什么要实行订货制呢？这是服装行业发展的必然趋势。经销商惧怕订货是因为害怕产生库存，他们认为，库存是服装生意的一大死穴。其实，服装的货品管理中，除了库存以外，断货也是一个非常可怕的现象。

有些经销商认为，断货现象可以通过补货来完成。其实很多品牌公司在生产下单的时候也会有一定的储备量，以满足经销商适当的补货，但是，品牌公司不可能保证每一款产品都有大量的储备量，而且经销商在经营过程中比较严重的断货问题通常是由整个品牌所有店铺的畅销款断货所引起的，仅仅依靠品牌公司第一批下单生产的储备量是远远不够的。品牌公司为了满足经销商的补货，一定会再下单追单，此时不但耽误了其他产品的生产，也可能会影响下一季产品的上货货期以及产品质量，还可能会让品牌公司把管理重心向生产部门转移。目前，我国服装企业最重要的是市场营销管理和产品的研发，如果让品牌公司把重心放在生产上，势必会影响到整个品牌公司的实力，从而对经销商的零售市场造成不可估量的负面影响。

所以，订货制是服装行业货品管理的必然趋势。在最近几年里，品牌公司在订货的制度和管理上也会逐渐改善和提高。例如，买断订货制、分次订货制、提前订货会时间、订货会的工作安排、对经销商的订货指导和培训等。

二、制定订货会流程

订货的情况决定了当季销售业绩的好坏。订货会之前，开发部、品牌形象推广部和营销部需要精确地制定流程，其中包括确定订货会的形式、接待人员安排、模特展示安排、确定当季产品上市推广方案、阐述设计主题等，需要各部门密切配合，制定整个订货流程工作的框架（图8-1）及工作安排流程（表8-1）。

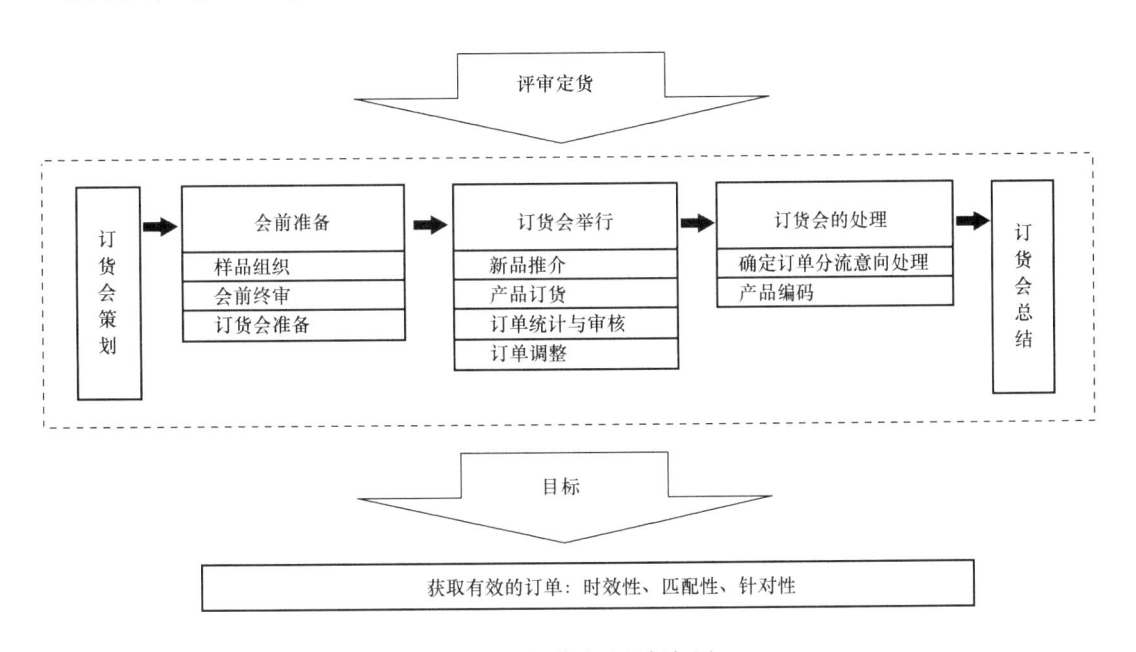

图8-1 订货会流程框架图

表8-1 某品牌2017年秋冬季产品订货会工作安排流程

日期	时间	内容	地点	活动项目	负责人	负责部门
5月3日	9：00~11：00	订货会工作安排会议	公司会议室	制定2017年秋冬季产品定货会工作安排	总经理	开发部 营销部 品牌形象推广部
5月4日	9：00~11：00	样品准备安排	开发部板房	1. 整理样衣、吊标及解说词，审核价格； 2. 制作订货手册	产品设计经理	开发部

续表

日期	时间	内容	地点	活动项目	负责人	负责部门
5月5日	9:00~11:00	订货会广告投放会议	公司会议室	准备订货会宣传物品及资料	推广部经理	品牌形象推广部
5月6日		确定订货会酒店	营销部办公室	1. 嘉宾住宿；2. 展示舞台；3. 订货大厅	市场总监	营销部
	8:00~12:00	演出编排方案会议	公司会议室	模特造型表演；音乐方案	设计总监	开发部 品牌形象推广部
	14:00~17:00	挑选展示模特	模特经纪公司	女模特20人；男模特8人	推广部经理	品牌形象推广部
5月7日	8:00~12:00	模特试衣	开发部板房		产品设计经理	开发部
	14:00~17:00			1. 挑选宣传画册拍摄服装；2. 板型调整	产品设计经理	开发部
		邀请经销商参加订货会	营销部办公室	1. 邀请函撰写，邀请函包括：a. 经销商需要准备的参会资料；b. 参会注意事项；c. 报到地点及乘车时间；d. 参会回执。说明：通知时不得告之会议真实地点；2. 短信通知	市场总监	营销部
5月8日	8:00~17:00	外景拍摄	某五星级酒店	1. 拍摄服装30套；2. 景点5个；3. 模特2人	推广部经理	品牌形象推广部
5月11日	制作时间20天			制作宣传画册，宣传片	推广部经理	品牌形象推广部
5月30日	8:00~10:00	接待会议		接站车辆、人员确认	市场总监	营销部
				1. 交接房间钥匙、签到、会议资料分发、客房钥匙分发；2. 安排提早到达的经销商巡店	市场总监	营销部
6月1日	8:00~17:00	会场布置		订货会表演展厅会场布置		形象推广部
	19:00~21:00	彩排	酒店表演厅	审核表演	总经理	开发部 营销部 形象推广部
	21:00~21:30	现场总结会议	嘉宾座位	对演出、灯光、音响提出建设性意见	总经理	开发部 营销部 形象推广部
	21:30~22:30	环节调整	表演舞台	演出微调	设计总监	开发部

续表

日期	时间	内容	地点	活动项目	负责人	负责部门
6月2日	8：00~12：00 订货会开幕式流程					
	7：30~8：00			引导经销商入场签到入座		
	8：01~8：10	开幕式		主持人开场白		
	8：11~8：20			播放公司宣传片		
	8：21~8：30			总经理致辞，阐述品牌发展历程、愿景		
	8：31~9：00			市场总监阐述产品订货政策		
	9：01~9：30			市场策划部经理阐述全年品牌营运推广方案、产品上市推广方案		
	9：31~10：30			产品设计经理阐述主推款式产品，同时配合主推款式产品模特秀展示		
	10：31~11：00			专柜形象设计师（市场督导）阐述终端形象及产品陈列方案		
	11：01~11：30			旗舰店产品展示及解答疑问		
	11：31~11：40			主持鸣谢并邀请嘉宾合影		
	11：41~12：00	合影		全体与会人员合影		
	14：00~18：00 市场总监、区域销售经理协助加盟商/经销商订货					
	18：30~20：00	订货会酒会	指定用餐地点		市场经理	营销部
6月3日		协助加盟商/经销商订回程票，并送站			市场经理	营销部
	14：00~18：00	统计订货数据			市场经理	营销部

总　指　挥：总经理

统　　筹：设计总监、营销总监

分组安排：公司接待组、会议接待组、食宿联络组、场地协调组、会议协调组、会议服务组、合同签订组、资料整理理、宣传片拍摄组、拍照摄像组、活动外联组、订货导购组、订货统计组

第二节　引导订货

对于一家企业来说，销售的提升很大程度上与订货会经销商订货有着直接的联系。在实际的订货中，影响经销商订货情况的主要因素综合为资金、库存、信心、商品、求稳等多方面因素。这些因素都给今后的实际销售带来了非常大的影响。因此，如何帮助经销商合理、准确地订货，是订货会最重要的目的。综合原始数据的统计与分析以及商品配置分析等情况，企业可以制定出合理的订货指标。但是，光有合理的订货指标还不足以保证每一位经销商订货的合理性，因此，企业在经销商订货期间配

置相应的市场策划经理、产品设计经理、优秀销售员工、订货指导小组等的订货指导就显得非常重要（图8-2）。

图8-2 订货发布会

一、订货会的准备工作

对于订货会，企业需要做大量的准备工作，主要有以下几项内容。

1. 原始数据的统计及分析

要想帮助经销商订货，在订货会之前，企业营销部非常重要的一项工作就是对所有经销商、终端加盟店铺的历史订货数据与历史销售数据进行统计分析，并聘请专业人员进行数据挖掘分析，尽量准确地预测各经销商未来的销售数据，确定订货指标，引导经销商准确、合理地进行订货。

需要分析的数据有以下几点：销售总数量、各类别款式销售量及比例、各类别尺码比例、颜色比例、业绩增长率等。有些管理经验相对不足的经销商，订货本身存在的问题较多，其最终的实际销售数据也不是最合理的状态。因此，在分析数据时，需要进行一定的修订。

（1）销售总数量

要统计出去年本季销售中的销售总数量、缺货补货数量、打折销售数量等，根据数据分析，确定本季销售量是否还有上升潜力。

（2）各类别款式销售量及比例

主要统计去年本季各类别款式的销售量和比例，如去年本季裤子的销售量、T恤的销售量，在T恤当中圆领多少、V领多少、Polo领多少……对于这些不同类别的销售量都要进行统计与分析。另外，还要看哪些类别款式销售起来有困难、哪些类别款式还有销售潜力，并对统计数据进行修订。

（3）各类别尺码销售量及比例

主要统计去年本季各类别尺码的销售量及比例，如南方市场中，应该小码偏多些。北方市场中，应该加大码偏多些。当然，这是不够精确的，但是可以根据尺码销售量分析出具体的尺码比例。另外，不同类别的款式对尺码也有一定的影响。在同一地区的销售中，其尺码比例也可以存在差异。例如，按常规来讲，女装中吊带对于穿着者的体型要求较高，一般偏胖的人很少穿吊带，因此在这一款式类别中可能小尺码的销售占比会略多一些；风衣类别中，由于一般多为宽松型、职业化，因此可能偏大码的销售成果会更好一点。这些都可能产生区别，所以要以销售数据的分析结果为依据。

（4）颜色比例

在颜色比例上，也要以销售的实际数据作为参考。另外，还要分析经销商的颜色喜好统计数据，同时要了解本季的主推色和流行色，在同款、不同色时要做相应的订货区别。例如，夏季中，明度高的色彩比例可能会偏多一些，冬季中，明度低的色彩比例就会偏多一些。上装则是彩色的、亮色的比例相对偏多一些。这些都需要用数据来说话。

（5）业绩增长率

去年本季的销售数据只是作为参考，还要看今年一整年的业绩增长率。根据几个季度的销售潜力以及实际销售状况，就可以分析出相应店铺的业绩增长率。当然，业绩增长率并不表示只增不减，也可能由于竞争、管理、品牌等原因，增长率为负数。

2. 商品配置分析

企业在产品风格结构上一般会有经典风格产品、时尚风格产品、前卫风格产品的区分。经典风格产品是最能体现品牌特色和风格的，价位适中且销售稳定；时尚风格产品是比较符合本品牌概念的且适合今年潮流的系列，价位中等，有一定销售风险；前卫风格产品是季度产品的亮点，起吸引消费者注意力的作用，价位较高，不作为销售重点。一般各种风格的产品会按照6∶3∶1的比例订货。

3. 市场策划经理阐述全年品牌营运推广方案、产品上市推广方案

由营销部根据往年的数据，结合消费者需求调查、竞争调查、合作调查，分析品牌的优劣势与面对的机遇与挑战，拟定门店形象优化、产品策略等推广计划方案。

由设计部和营销部共同制定新季度产品在不同地区的上市时间、新货上架的阶段时间和各个促销时间点等产品上市推广方案。

以上内容由市场策划经理在订货会时向经销商阐述，便于经销商了解本季度产品的运营推广方案和上市方案，使他们在订货时有的放矢，避免盲目下单。

4. 产品设计经理阐述主推款式产品

在订货会时，生产企业需要安排产品设计经理阐述整批产品的设计主题和设计理念，包括产品架构、色彩架构、面料架构、产品数据表等。特别是对于主推产品和创新产品的介绍，引导经销商订货时对整批产品有一个组合订货，避免过于偏重某一类产品。

5. 优秀销售员工参与订货决策

在订货这一"关键性问题"上，一般都是由经销商直接决定。经销商应该让优秀销售员工参与订货的决策。优秀销售员工直接面对消费者，因此对于消费者的喜好和实际销售情况最有发言权。订货是不能只凭眼光的，在款式的挑选上要结合当地同类品牌的竞争情况。

6. 安排订货指导小组

企业成立订货指导小组，从经销商下第一笔订货单开始，不断地予以沟通、纠偏、指导。需要注意的是，订货指导小组人员要紧盯经销商订货的结构、数量，但不应对订货的款式进行指导，不应凭自己的喜好或为了完成指标，就让经销商对自己指定的款式下大额订单。

二、订货流程的设置

在订货流程的安排中，可设置熟悉样品—下单—核算—评估—提交订单的五轮订货制（图8-3）。

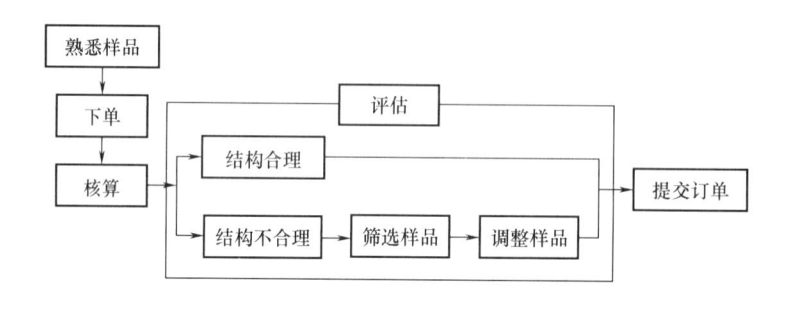

图8-3 五轮订货制

1. 熟悉样品

订货会首先安排经销商熟悉样品，从而进行初步预选。常用的样品展示方式有两种，一是让试衣模特静态试衣；二是直接陈列在货架上（图8-4）。

2. 下单

当经销商熟悉样品后，开始发放订货手册让销售商详细了解本季货品的具体情况，如系列分类、款式、尺码、色彩、价格、主题思想、上市时间等，并且在订货手册中结合前期的数据分析和流行预测给出产品推荐指数，方便经销商全面地了解产品情况。

图8-4 订货现场

3. **核算**

经销商下单后，企业安排专人统计、分析经销商的订货数据。

4. **评估**

根据订货数据分析，找出订单存在的问题，对于结构合理的订单直接进入提交订单环节。对于结构不合理的订单，再次进行筛选样品，与经销商沟通，调整订单。

5. **提交订单**

评估完成后，经销商正式交单，并设置订货总审核人员进行审核把关。

第三节　订货指导手册

一、订货指导手册的作用

订货会是产品面对的第一次考验，为今后的实际销售带来了非常大的影响。因此，如何让客户订出一批合理、优化的产品，是订货会中最重要的目的。企业需要制定订货指导手册，让经销商直观、清楚地了解本季度产品的主题、款式、面料、颜色、尺码、价格以及退换货、补货的规则方法，指导经销商更加合理地订货。

订货指导手册并没有统一的内容与格式规范，由于企业对象和产品要求不同，它的内容与格式也不同。下面以马思琪运动品牌的春夏季产品为例来介绍订货指导手册的主要内容及一般格式。

二、订货指导手册的内容与格式

(一) 封面

封面是经销商首先接触到的,能起到第一印象的强烈视觉效果。封面设计应该与品牌的设计风格、VI 形象统一,对产品的形象定位也有很大的作用(图 8-5)。

(二) 目录

目录的作用是使订货手册的结构一目了然,方便经销商查阅内容,并且对当季产品的整体架构有一定程度的体现(图 8-6)。

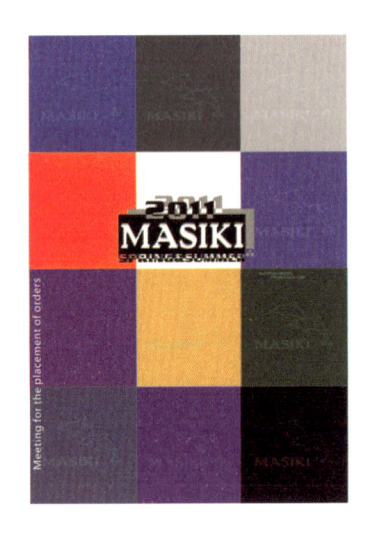

图 8-5　订货指导手册封面

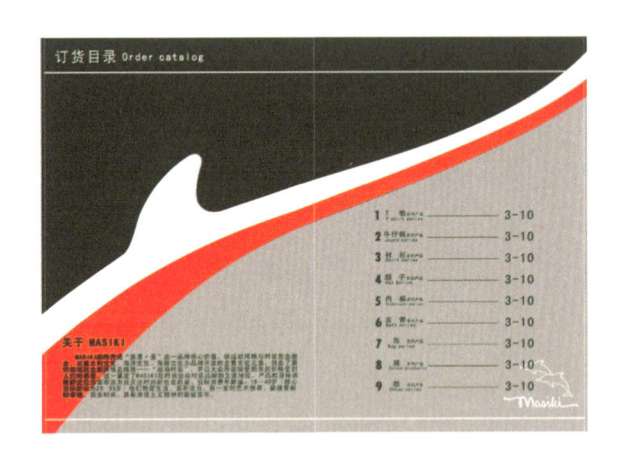

图 8-6　订货指导手册目录

(三) 内页

内页详细地介绍产品架构、主题设计、上货时间、系列款式设计、系列图案设计、面料运用、局部设计元素、辅料选择、配件设计、尺码和价格,并且结合前期的数据分析和流行预测等信息标注出产品推荐指数,方便经销商全面地了解产品情况(图 8-7)。

订货指导手册是一份详细的企业产品说明书,不需要过多花哨的设计,而是用精确的数据来支撑,并用图表来作为辅助说明,直观、准确地展示当季产品。订货指导手册是针对企业经销商的内部资料,订货会结束后一般会收回,由企业来保管,以避免信息泄露造成损失。

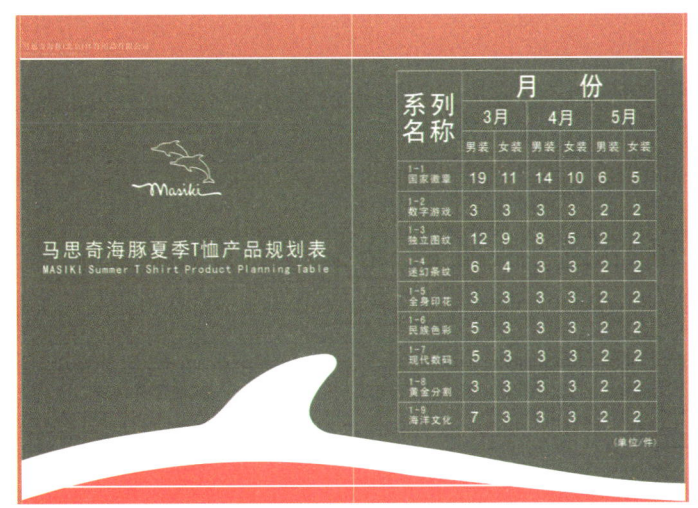

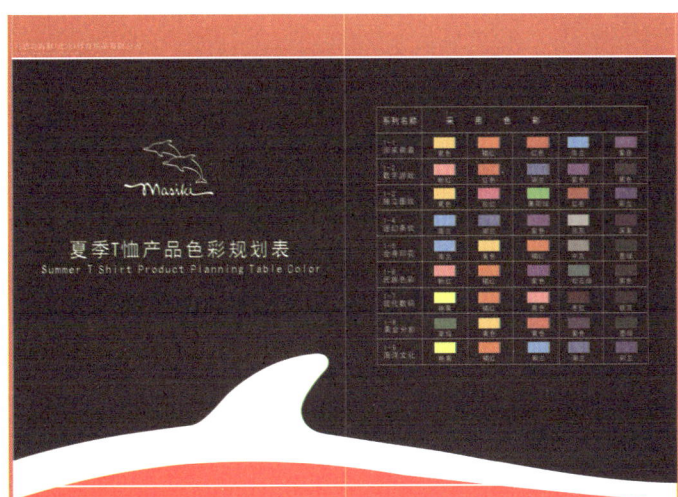

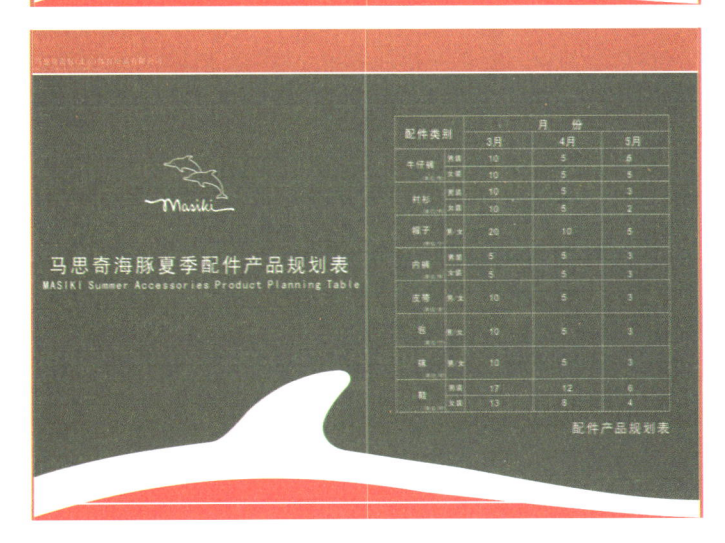

图 8-7

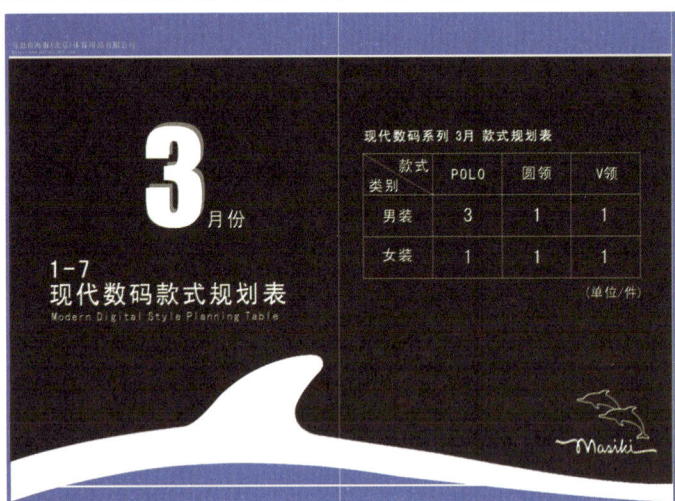

图 8-7 订货指导手册内页

思考与练习

1. 怎样制订服装产品订货会的流程?
2. 选择一个女装品牌,并制订一本该品牌的订货指导手册?

第九章　产品推广

本章要点：通过本章学习，了解产品推广的形式和形象识别系统的运用。

在新产品开发完成后，产品将被推向市场，接受真正的考验。这就需要经过一个必不可少的环节——产品推广。产品推广是在设计概念转化为实际产品之后，再将实际的产品转化为顾客印象的过程。酒香也怕巷子深，在竞争越来越激烈的今天，产品推广的重要性不言而喻（图9-1）。

为了使产品在推出市场后得到最大限度的关注，服装公司在进行季度产品规划的同时，与形象宣传和推广相关的部门就要开始为新产品的推广做宣传策划。策划包括文字、图像、静态以及动态展示、营销策略等，使产品在消费者心目中建立起品牌形象以及吸引消费者购买该品牌产品。

图9-1　服装交易会是商家推广产品的最佳时机

第一节 如何进行产品推广

一、产品推广的目标市场

产品推广的目的,就是要在客户头脑中形成鲜明的产品印象,增加本企业的获利机会(图9-2、图9-3)。这里的客户既包括终端消费者,也包括零售商、批发商、加盟商等。

设计师和服装企业希望零售商销售他们的新产品,这些零售商成为某种款式或某一季节产品的购买者。同时,设计师和服装企业在新产品上市之前,需要在另外一些中间商(一级批发代理商等)中展示他们的产品。针对不同的目标市场,选用不同的产品推广方案,这就需要对产品推广进行策划。

图9-2 国际著名服装品牌 D&G 的广告宣传   图9-3 国际著名服装品牌彪马的广告宣传

二、产品推广的策划

制订产品推广的具体方案,需要经过两个步骤:首先,确定产品推广的目标、深度、范畴和焦点以及公司准备采用的促销策略;其次,考察评估上述产品推广策划在大众传播中的有效性。针对不同的产品推广目标,使用不同的推广手段。例如,产品推广的目标是针对代理商时,召开专门提供给代理商了解新产品的服装发布会是有效的手段。在发布会上,服装企业可以详细地讲解自己产品的理念与特点,向参与发布会的代理商发放印有详细产品目录和照片的小册子,并向他们讲解产品的营销理念,这些都是代理商决定代理一个品牌时所关心的信息。如果产品推广的诉求对象是白领一族,那么产品推广的有效手段也许就是在白领一族喜欢阅读的杂志上投放平面广告。如果是某零售店针对季度末的产品销售进行推广宣传,为了使潜在的客户知道该产品将降价或优惠出售的消息,那么向零售店周围的居民直接投递相关邮件，让他们了解产品的种类以及折扣方法，那么就可以吸引到那些较方便就可以到达零售店的消费者。

在具体的产品推广方案实施以后，还要对该方案的有效性进行评估，以确定针对目标客户的方案确实有效。评估的内容一般包括：该推广方案的最终效果如何；销售量因此增加了多少；消费者的关注程度比以前是否有所提高；投入到推广当中的费用与推广所带来的收益之比是多少等。这样的评估，为企业以后的推广工作积累了宝贵的经验和案例。

三、产品推广的途径

（一）报纸杂志

尽管电视广告比杂志具有更大的吸引力，但就服装行业来讲，电视广告的影响力要小于报纸杂志。首先，电视广告更适于塑造品牌的整体形象，而服装产品种类繁多，更新非常快，无法在短短的几十秒电视广告里体现出产品的主角；其次，报纸杂志上的平面广告可以更好地反映产品细节，使消费者从容地了解和欣赏产品本身；最后，电视广告时间虽短，价格却昂贵，对于每个季度都在大量更换产品的服装行业来说，报纸杂志是更为经济实用的选择（图9-4）。

图9-4　*Vogue* 杂志是受欢迎的高品位服装杂志，广告费用较高

（二）电视或广播

现在，电视广告的方式多样，除了可以制作一个几十秒的广告来对产品进行宣传外，还可以通过主办节目、赞助节目，或者赞助知名电视节目主持人、电影明星服装的方式进行宣传。主办节目必须支付节目内容和广告的制作费用，如人们熟悉的凤凰电视台的主要

节目都是由一些商家主办的。赞助节目是另外一种方式，其赞助性质是不必支付巨大的节目内容的制作费用，而是只购买一定时段的特别节目用以播放他们的广告。至于给明星或主持人提供上镜服装则是现在很常用的一种广告方式。

在广播中做广告的费用大大低于电视，但这种只闻其声、不见其人的广告形式不太适合服装行业，所以服装行业较少在广播中进行广告宣传。

（三）直接广告

直接广告指直接向消费者邮寄广告、发放广告或小册子。直接广告在生活中很常见。对于服装行业来讲，直接广告常发生在季度产品打折时，推销人员会将印有折扣宣传的单子直接递送到行人手中，或者邮寄给长期联系的客户。另外，一些中高档的服装企业也常会在新产品上市时将印有新产品说明的小册子邮寄给自己的 VIP 客户。

（四）室外和公交系统广告

室外广告是最古老的广告手段，它是从古代的石头、青铜器和木材雕刻演化而来的。如今，在大街上漫步，广告随处可见，街道两旁以及在街道上移动的大小车辆上都贴满了各式广告。对服装产品来讲，室外和公交系统广告都是比较常用的宣传工具，这种宣传往往不针对某一季度的某一个款式，而是希望加深消费者对品牌的整体印象。室外广告或公交系统广告的费用都远远低于电视广告，伫立于闹市区的广告牌以及在城市中穿行的公交车有很好的宣传效果，人们可以在不经意间就看到这些广告并在脑海中留下印象。但近来这种广告形式也受到谴责，人们认为有些交通主干道上的广告过于暴露会增加发生交通意外的可能性，而城市拥挤着过多的广告也容易使人产生疲劳的感觉。

（五）时装发布会

从法国设计师简·帕昆（Jeanne Paquin）首创时装表演的形式以来，时装表演一直是服装品牌最具影响力的宣传手段。风姿绰约的模特们身穿华美的服装在天桥上摇曳生姿，关于时尚最神秘、最诱人的吸引力就这样一年一度地按时被生产出来。纽约、伦敦、米兰和巴黎四个世界时装中心每个季度都有大量的时装表演发布会，世界顶级品牌在这些舞台上一比高下，且各个国家的一线或二线城市都有各自大大小小的时装发布会，不同类型、不同规模的服装企业都有充分的展示空间（图9–5）。

时装发布会的具体策划案需要根据观众类别、场地设置、预计费用、预期目标的不同而有所区别。一场大型的时装发布会也许要耗费上百万美元：搭建巨型的 T 型台，特殊的灯光效果，完美的音响设备，顶级的表演模特，各个宣传媒体和光鲜的时尚宠儿们也要务必到场，这样的时尚盛宴会制造出必要的、关于时装的故事和话题。而对于小型服装企业来说，每个季度花费几万元人民币在产品发布会上就足够了。这种小型的产品发布会虽然花费不多，但却同样重要，它是代理商了解新季度产品的一个主要的窗口，服装公司可借

图 9-5　时装发布会是服装业一种重要的广告形式，图片所示是纪梵希品牌2006年春夏时装发布会上的场景

此向代理商介绍新季度的产品，吸引他们提前下订单，这些订单是新季度产品生产的保障。

（六）专项促销活动

时装企业发起的专项促销活动基本上可分为两类：一类用以吸引人们对公司名称的关注，另一类旨在推销一些专门的商品。前者称之为机构形象型，用以提高信誉，强调公司对一流服务的承诺或在某些特别节日开展活动，突出顾客的利益；后者则是在活动中推销某一商品。时装业习惯于在大的公众假日进行传统的商品促销活动，这种促销活动的内容一般包括：将店铺按照假日气氛重新装扮，更换新的橱窗设计，并在店内主要位置悬挂促销广告牌；除了这种传统的商品促销活动，还有一些方式新颖的宣传活动，如在国内举行一年一度的"汉帛"杯服装设计大赛，这种大赛本身对企业的品牌就是一个很好的宣传活动。这种专项促销活动所针对的就是机构形象，强调品牌在行业的专业地位。

四、时装广告的制作

时装广告一般分为静态广告和动态广告两种形式。静态广告又分为静态展示成衣和平面广告两种形式。其中，平面广告更为常用。平面广告的制作属平面设计范畴，主要涉及三个方面：广告词、插图和设计（图 9-6）。静态成衣展示属于展示设计范畴，是一个立体、综合的设计过程。动态展示即时装表演，涉及更大范畴的因素，一般包括：场地、音乐、模特、服装、形象、接待、媒体等多方面。

图 9-6　著名休闲品牌 GSTAR 的平面广告

服装企业一般会将时装广告委托给专业的广告公司进行制作。广告的制作费用从低到高相差很大，服装企业要结合自身的特点以及财政计划，选择合适的制作公司。在选定广告公司后，服装企业必须和其保持密切的联系，力求广告公司能够理解本企业的特点和要求，这种相互的配合至关重要。

第二节　企业形象识别系统

一、CIS 的概念

当产品推广上升到系统性的层面，将整个品牌形象统一起来，形成鲜明的整体形象，同时在顾客接触品牌的每个细节中得以体现，那么就建立了一个企业形象识别系统，即 CIS（Corporate Identity System）。CIS 理论是 20 世纪 20 年代在欧洲被提出的，到 40 年代美国商业界的推波助澜，再到 70 年代日本设计界的深化，已经形成了一套完整的体系。20 世纪 80 年代以后，日本的企业界对企业形象空前重视。他们认为，形象就是潜在的销售额，就是储存在市场上的潜在资产，就是企业业绩的先行指标。企业形象识别（Corporate Identity，CI）设计的概念，由日本设计师中西元男总结得比较完整。他认为，CI 设计是"将企业的理念、素质、经营方针、开发、生产、商品、流通等企业经营的所有因素，从信息这一观点出发，从文化、形象、传播的角度来进行筛选，找出企业所具有的潜力，找出其存在的价值及美的价值，加以整合，使其在信息化的社会环境中转换为有效的标志。这种开发以及设计的行为称为 CI。"

CIS，作为企业形象识别系统，主要包括理念识别（Mind Identity，MI）、行为识别（Behavior Identity，BI）、视觉识别（Visual Identity，VI）。如果将理念比喻为企业的头脑和灵魂，行为是企业的处世方式，那么企业的视觉识别系统就是企业的着装和仪表。如果说理念反映的是企业的人格，行为反映了企业的性格，那么视觉识别则更多地展示了企业的风格。一个现代企业，要想在信息社会中生存，不管在这三个系统中能开发出多少属于自己特有的识别内容，它的本质和终极追求却应该始终如一地指向人类最基本的美德：真、善、美，即真诚的经营理念、善良的行为模式、美好的仪表形象。

二、CI 设计的基本原则

（一）同一性

为了达成企业形象对外传播的一致性与一贯性，应该进行 CIS 整体设计，用完美的视觉一体化设计，将信息与认识个性化、清晰化、有序化，将各种传播媒体上的形象统一，创造可以储存与传播的、统一的企业理念与视觉形象。这样才能集中并强化企业形象，使信息传播更为迅速有效,给消费者留下深刻的印象与强烈的影响力(图9-7~图9-9)。

图9-7 李维斯(Levi's)品牌店招牌

图9-8 李维斯服装店

图9-9 李维斯店面形象

企业形象识别的各种要素，从理念到视觉应予以标准化，采用同一规范设计，对外传播采用同一模式，并坚持长期一贯地运用，不轻易进行变动。要达成同一性，实现 CI 设计的标准化导向，必须采用简化、统一、系列、组合、通用等手法，对企业形象进行综合的打造。

1. 简化

对设计内容进行提炼，使组织系统在满足推广需要前提下尽可能条理清晰、层次鲜明，优化系统结构。例如，VI 系统中，构成元素的组合结构必须化繁为简，以利于标准的施行。

2. 统一

为了使信息传递具有一致性和便于被社会大众所接受，应该把品牌和企业形象不统一的因素加以调整，品牌、企业名称、商标名称应尽可能统一，给人以统一的视听印象。

3. 系列

对设计对象组合要素的参数、形式、尺寸、结构进行合理的安排与规划。如对企业形象战略中的广告、包装系统等进行系列化的处理，使其具有企业的特征以及鲜明的识别感。

4. 组合

将设计基本要素组合成通用性较强的单元。如在 VI 基础系统中将标志、标准字或象征图形、企业造型等组合成不同的形式单元，可灵活运用不同的应用系统，也可以规定一些禁止组合规范，以保证传播的同一性。

5. 通用

即指设计上必须具有良好的适合性。如标志不会因缩小、放大而产生视觉上的偏差，线条之间的比例必须适度，应保证大到户外广告、小到名片均有良好的识别效果。

同一性原则的运用能使社会大众对特定的企业形象有一个统一、完整的认识，可增强形象的传播力，不会因为企业形象识别要素的不统一而产生识别障碍。

(二) 差异性

为了能获得大众的认可，企业形象必须是个性化的、与众不同的，因此差异性的原则十分重要。差异性首先表现在不同行业的区分，因为在社会大众的心目中，不同行业与机构均有其行业形象特征，服装企业就与银行企业的企业形象截然不同。设计时必须突出行业特点，才能使其与其他行业有不同的形象特征，有利于识别认可，必须突出与同行业其他企业的差别，才能独具风采、脱颖而出。

(三) 民族性

企业形象的塑造与传播应该依据各自的民族文化，美国、日本等国家中的许多企业的成功,就源于根本的驱动力——民族文化。美国企业文化研究专家特伦斯·E. 迪尔(Terrence E. Deal)和艾兰·肯尼迪(Allan Kennedy)指出:"强大的文化几乎是美国企业持续成功的驱动力。"

塑造能跻身于世界之林的中国企业形象,必须建立在弘扬中华民族文化优势的基础上。灿烂的中华民族文化,是取之不尽、用之不竭的源泉,有许多值得吸取的精华,有助于创造中华民族特色的企业形象。

(四)有效性

有效性是指企业的 CI 计划可以有效地推行运用。CI 是用来解决问题的,不是企业的装扮物,因此,应能够操作和便于操作。若保证 CI 计划的有效性,一个十分重要的因素是企业主管需具有良好的现代经营意识,对企业形象战略应有一定的了解,并能尊重专业 CI 设计机构或专家的意见和建议。当然,如果没有大量的投入,就无法找到高水准的机构与个人来具体执行 CI 设计,而后期的 CI 战略推广更是需要投入巨大的费用。如果企业领导在导入 CI 计划的必要性上没有十分清晰的认识,不能坚持推行,那前期的策划方案就会失去有效性,变得毫无价值。

三、VI 设计

企业视觉形象系统的设计(VI)是整体企业形象设计系统(CIS)的重要组成部分,也是与设计关联最密切的部分。它是进行整体形象传达的重要手段,原则上由以下两大要素组成。

(一)基础要素

基础要素包括企业名称、企业标志、标准字体、专用印刷字体、企业标准用色、企业造型或企业象征图案以及各要素相互之间的规范组合。

(二)应用要素

应用要素,即基础要素经规范组合后,在企业各个领域中的展开运用,包括企业办公用品设计、公共关系赠品设计、员工服饰规范、企业车体外观设计、办公环境识别设计、企业广告宣传规范、企业形象广告及广告识别系统、企业产品包装识别系统、企业识别辅料系统、店员服装设计及店面设计等。

以著名休闲牛仔品牌李维斯的企业形象识别为例:

人们一看到那鲜红底的李维斯标志,就知道这是最经典的牛仔品牌了。李维斯采用了与牛仔面料的色彩反差非常大的鲜红色作为标志色,非常突出、醒目,使人印象深刻。这种做法以及后来不断增加的标志性的编号、皮牌上的故事等,牢牢地巩固了李维斯品牌在牛仔面料服饰品领域的经典地位,经久不衰,直至今日。因此,优秀的企业形象识别是产品推广最有效的手段（图9-10、图9-11）。

图9-10　李维斯牛仔编号牌和皮牌

图9-11　李维斯服装产品的标志性细节设计

思考与练习

1. 产品推广的目的和手段是什么？
2. 企业形象识别的作用是什么？
3. 企业视觉识别系统（VI）包括哪些内容？
4. 试为模拟品牌设计视觉识别系统。

第十章 案例：休闲服装品牌——活力女孩

本章要点：通过本章学习，了解品牌的季度的产品规划流程，包括品牌的创立、调研、产品主题设计、辅料收集、服饰配件设计和产品 VI 设计等。

本章向读者提供了一套完整的休闲服装品牌规划案例——活力女孩。这是一个走中低档路线的年轻品牌，在为它进行服装产品规划时，依据本书的流程，从市场调研、产品定位、主题设计、产品架构再到系列款式设计、系列图案设计、系列面辅料搭配、服饰配件设计等以及"活力女孩"品牌形象推广，完成了新季度全盘产品规划。它是对本书前面各章节理论的综合运用与实践。

第一节 关于品牌

活力女孩品牌不仅仅是在做衣服，从挑选每一块面料，设计每一个款式开始，他们就在努力创造一种精神。

时尚、简洁、少许前卫，精心于细部的设计及内外的组合搭配，这就是活力女孩品牌所追求的品牌精神。

一、品牌综述

（一）品牌简介

活力女孩品牌发源于时尚之地东莞，传承新自由主义流派思想，倡导时尚与休闲生活相结合的先锋代表。活力女孩品牌主张回归率真的自我个性，展现新自由主义的生活态度，力创新一代个性流行时尚文化，成为时尚一族的先锋领袖。

（二）品牌个性

年轻自由、聪明独立、热情浪漫。

(三) 品牌追求

1. 回归自我

在不知不觉的忙碌中，一部分都市人迷失了自我，心灵找不到释放的出口，他们需要回归自我、回归本性，选择自己想要的生活。

2. 表现自我

活力女孩品牌所代表的某一类人需要大家的瞩目，需要周围人群的关注；她们拒绝平庸，她们需要大胆地表现自我、释放活力，让世界因此而改变。

3. 品牌定位

活力女孩的品牌定位是 18~28 岁的都市时尚、知性的女青年，她们是年轻、动感、阳光、注重仪容、留意潮流、追求品位以及生活情趣、热衷于消费的年青时尚一族。

4. 产品策略

活力女孩品牌的产品策略是以时尚街头的休闲服及配饰为主导产品，保证质量，宁缺毋滥，维护品牌个性。

5. 价格定位

活力女孩品牌的价格定位是五星级品质、三星级价位，推动大众时尚品牌消费，产品零售价格定位在 100~500 元。

二、市场分析

(一) 市场概况与消费分析

1. 宏观市场

我国服装行业的前景很好，服装业是广东省的传统支柱产业体系，特别是改革开放以来，纺织服装工业已踏入国际市场，成为广东省最大的净创汇产业之一。

2. 微观环境

以大学生为主的年轻人成为时尚消费的一个巨大群体，他们对时尚比较敏感。

现在的服装市场可挖掘的空间比较大。与服装搭配的鞋、帽、包、伞、首饰等饰品，将会带动整个休闲服装市场产业的发展。

活力女孩将会被打造成一个集运动、个性、休闲、大众为一体的中低档的休闲装品牌。

3. 广州市消费观念

70% 的受访者认为：消费时考虑最多的是服装的质量；

20.33% 的受访者关注：消费时的整体情调，同时关注价格；

40%的年轻人消费时会从自己的消费能力出发。

4. 国内相关产品的概况和前景

鉴于活力女孩的品牌风格是集运动、个性、休闲、大众为一体，我们还做了下面几个具有代表性的品牌的调研：佐丹奴、Erase、李宁。

调查结果显示，这几个品牌目前在市场上所占的市场份额都比较大，而且它们的目标消费群跟活力女孩品牌的定位也是很相似的，这也就从一定程度上说明活力女孩品牌的风格定位能够很容易被人们所接受。

（二）品牌分析

"活力女孩"休闲服饰品牌是以18~28岁青年女性为目标市场的一个休闲服饰品牌。公司集设计、生产、销售于一体，为18~28岁的女性提供时尚、优质、超值的休闲服饰。目前，公司正以自营、连锁加盟的方式拓展市场，经过近几年的发展，已在广东、湖南、湖北、河北、山东、福建、江苏、江西、上海、深圳、广西、云南、重庆、四川、辽宁等地开设了多家连锁专卖店。公司正在不断加强内部建设，对外努力拓展中国内销市场，推广品牌，使该品牌成为青少年的首选休闲服饰品牌。

"活力女孩"休闲服饰品牌是一个简约但不乏精致，清新与洒脱相融合，带有浓郁的华夏文化并融入时下流行元素的休闲品牌。该品牌崇尚自我个性，透过自由空间，使人从固化的思维方式中摆脱出来，贴近自然，释放自我，体味生活本色。

（三）消费者分析

1. 从消费者年龄来看

图10-1的调查结果显示：18~28岁的消费者占79.6%，是当前消费的主流！另外，28~38岁的消费者占了12.1%。因此，确定目标消费群体年龄为18~35岁。

2. 从收入来看

由于大部分消费者是大学生或参加工作年限较短的消费者，所以收入在1000元/月以下的占57%；1000~4000元/月的消费者占24%；4000~10000元/月的消费者大多是白领，比较看重品牌的知名度，人数少，但是购买能力强，利润高，也可以作为目标消费对象，占10%。

3. 单件服装价格定位（图10-2）

从收入及单件服装价格定位表明：因为调查对象大多数为19~28岁的年轻人，所以他们比较容易接受的价位在500元以下，其中100元以下的占34%，100~200元的占27%，500元以下的占12%，500元以上的比例较小占3%，所以活力女孩品牌的价位最终定在100~500元之间。

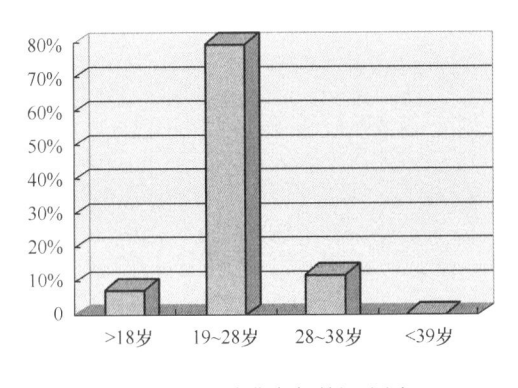

图 10-1　消费者年龄调查图

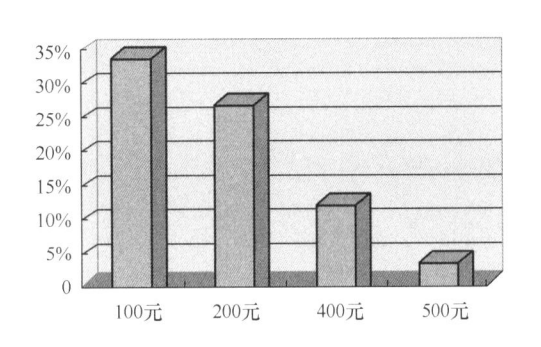

图 10-2　单件服装价格定位图

4. 消费者对服装风格的偏爱程度

图 10-3 中消费者对服装风格的偏爱程度表明：大多数消费者偏爱轻松、舒适的休闲装，购买主流占 44%。另一方面，个性装的穿着者也是不容忽视的重要群体，占 25%。现在，人人追求时尚，追求独一无二。该表表明，休闲装与个性装将是品牌定位的主体方向。运动装的比例虽然相对不大，占 11%，但是活力女孩品牌也会加入一定比例的运动型的服装。

5. 服装面料方面调查

从图 10-4 可以看出，人们仍然是崇尚自然、注重舒适性的，所以大多数消费者会选择棉以及丝、毛等成分舒适型面料，这是当前的发展趋势。另外，牛仔也是人们不可或缺的面料之一。

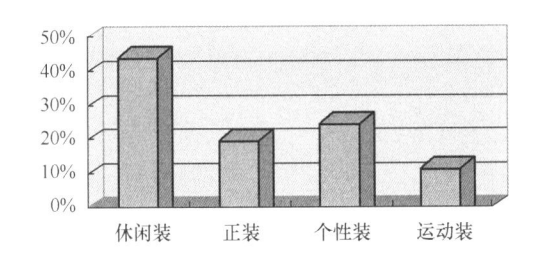

图 10-3　消费者对服装风格的偏爱程度调查图

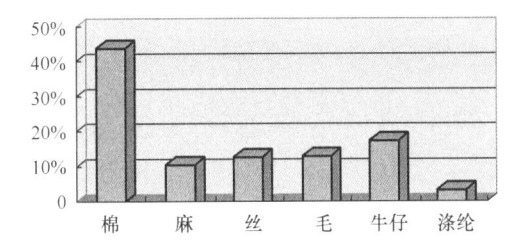

图 10-4　服装面料方面调查图

6. 服装花色方面调查

从问卷调查（图 10-5）来看，消费者对花色的选择是比较分散的，这对活力女孩品牌在产品构架方面的比例有些影响，所以可在花色上保持多样化，以满足多层次消费者的需求。

7. 设计元素方面调查

消费者对设计元素的选择也比较分散。图 10-6 中所示的元素均有可取之处,都可作为活力女孩品牌的设计点。

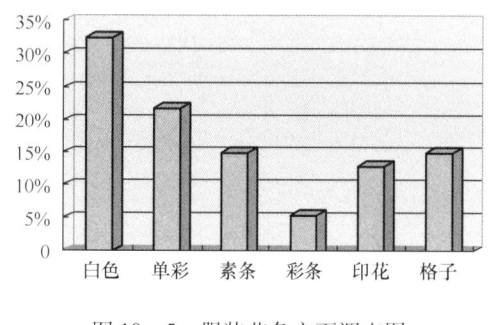

图 10-5　服装花色方面调查图

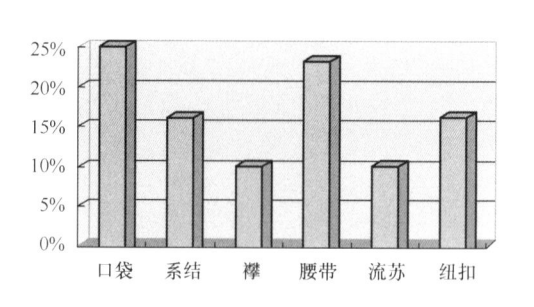

图 10-6　设计元素方面调查图

8. 休闲装服饰搭配、颜色调查

图 10-7、图 10-8 表明:在休闲装的服饰品类型中,消费者多注重配饰;在色彩方面,大部分消费者追求的是协调色,这就使活力女孩品牌在色彩的运用中可以有更大的空间。

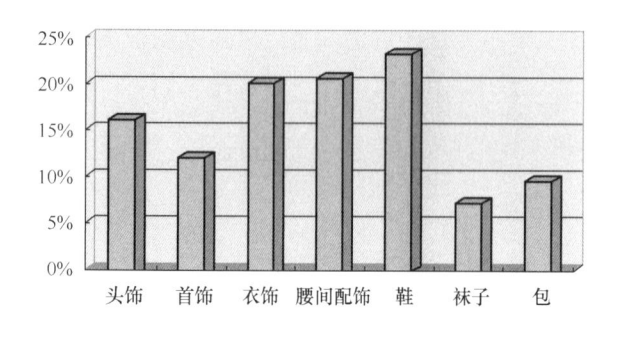

图 10-7　休闲装服饰搭配调查图

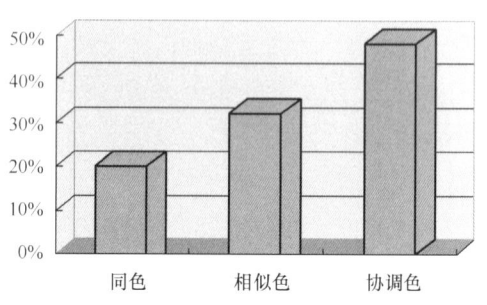

图 10-8　休闲装颜色调查图

三、WTO 市场机会与优劣势

(一) 市场空间宏观方面

中国加入 WTO 后,服装产品的出口空间进一步扩大,并将逐步取消进口配额限制,最终实现服装的自由贸易。我国服装企业在国际市场上,还没有真正属于自己的国际化服装品牌,主要的整体形象难以树立。国内市场的竞争异常激烈,不同的服装市场已涌现出一批"中国名牌",这些名牌一直处于领先地位,使得一些企业想要在国内创名牌十分困难。由于国内大多数消费者收入水平不高,因此低档次、低价格的产品还有较大的市场

空间。

(二) 市场空间微观方面

目前，国内休闲服装品牌经营中的几大缺陷。

(1) 缺陷1：跟风模仿，自我迷失。

(2) 缺陷2：广告内涵苍白，品牌文化不对称。

(3) 缺陷3：没有明确的沟通主题。

(4) 缺陷4：品牌个性不鲜明。

(5) 缺陷5：终端布阵与品牌不统一。

(6) 缺陷6：轻视消费者。

(7) 缺陷7：品牌核心价值模糊。

(8) 缺陷8：不懂媒体通路。

存在这么多的问题，只要能够解决这些问题，品牌将会有很大的竞争优势。每年全球都会发表数百场时装发布会，休闲装占有不少专场，实际上休闲装有着很大的发展潜力，是深受年轻人喜爱的服饰类型，尤其是运动休闲装。休闲装可以有不同款式的组合，以适应不同环境和各种活动的需求。休闲装的配饰也有很大的吸引力，如腰带、护腕等。所以，在营销方式上，活力女孩品牌要有自己的营销方式，从一开始就要围绕高起点、个性化展开，力求做大做强。但是，这些都要承担一定的风险。

(三) 性价比

活力女孩品牌的价格定位在100～500元，这个价格是很多人都能够接受的。该品牌的休闲装有大众风格、运动风格、个性风格，能够满足不同性格消费者的喜好，让具有各种爱好的人都能够在店里选购到他们喜爱的服装[1]。

第二节 产品架构

产品总架构表规定了整个季度中所有产品的比例。制定此表的依据是活力女孩品牌倡导的穿着搭配方式、加工资源和前一年同一季度的销售反馈报告。

一、活力女孩品牌2007春夏产品架构表

表10-1中的产品比例关系是根据产品架构制定的，包括活力女孩品牌以往的销售情况、目标消费者的穿着习惯等。对于夏季的产品，针织服装更为舒适，因此在上装中占了较大的比例。而在搭配的下装中，这个品牌的经验是裤装比裙子销售量大，

---

[1] 本品牌调研分析由华南农业大学服装专业02级2班完成。

因此裤子占了下装中较大的比例。整体分配上，上装和下装约各占一半，便于消费者混搭。

表10-1 活力女孩品牌2007春夏产品架构表

	种类	项目		款式数量	价格（元）	占服装总比例
上装	针织	毛织		8	198	35%
		T恤	长袖	16	98~168	
			短袖	20	68~118	
		背心		16	38~68	
	机织	衬衫	长袖	5	158	6%
			短袖	5	128	
		外套	风衣	13	158~218	10%
			卫衣	5	218	
下装	休闲洗水裤	长裤	直筒裤	18	198~218	30%
			宽筒裤	10	218	
		中裤		16	78~168	
		短裤		8	118	
	休闲洗水裙	连衣裙		8	218	19%
		长裙		8	168	
		中裙		8	78	
		短裙		8	118	

二、活力女孩品牌2007春夏产品色彩架构表

表10-2中，色彩架构制定的依据是活力女孩品牌的整体色彩定位、流行色、消费者的喜好等。活力女孩是一个充满时尚气息的、年轻的、休闲的服饰品牌，它的整体色彩定位是清新的明亮色调与带有休闲味道的暗色调搭配，上装使用明色调，下装则采用较暗的浊色调进行反衬。这样使女孩子的整体形象既有中性的、酷酷的感觉，又有青春、活泼的气息。

表10-2　活力女孩品牌2007春夏产品色彩架构表

第三节　主题设计

活力女孩品牌量身定制的四大主题系列：红粉佳人、梦幻迷园、酸甜女生、夏日果园。从文字上营造出一种甜美、梦幻、可爱的气氛，吸收了2007年流行预测中提出的公主风格、复古风格以及娃娃风格等。

第一系列：红粉佳人。这个系列是春季第一批上市的产品，因此采用较稳妥的路线，款式大方，形象俏丽，在粉红色彩系列中加入了柔和的灰色，给人以非常舒适的感觉（图10-9、图10-10）。

第二系列：梦幻迷园。第二批上市的产品必须更加时尚、有特色，因此该系列强调了今年将流行的梦幻宫廷风格，以吸引消费者（图10-11、图10-12）。

第三系列：酸甜女生。夏季开始了，带有一丝学生气质和娃娃装感觉的系列上市了。色彩中加入了柠檬的黄绿色调，为炎热的夏日带来清凉（图10-13、图10-14）。

第四系列：夏日果园。盛夏中，活力女孩永远充满活力。各种运用分割手法的裙子动感十足，色彩温和，以降低这火热的感觉（图10-15、图10-16）。

每个主题板块确定了该系列的风格、款式数量、色彩系列等，为进一步的深入设计搭建了非常完整的框架。每个主题有递进和高低起伏的关系，无论是色彩、款式、图案都有延续和变化。

一、红粉佳人

回忆如此美妙
让人如醉酒般沉迷
不是忘记不了
而是捕捉不到

这一系列的服装更适合刚刚迈出大学校园、初入社会的女性穿着。款式大方，色彩明快，图案简洁。她们还保留着女孩的率真与俏丽，又多了一份职业女性的成熟与干练。她们身上既体现着时尚的气息，又适应身份的需要，显得大方得体。

图 10-9　红粉佳人主题设计 1

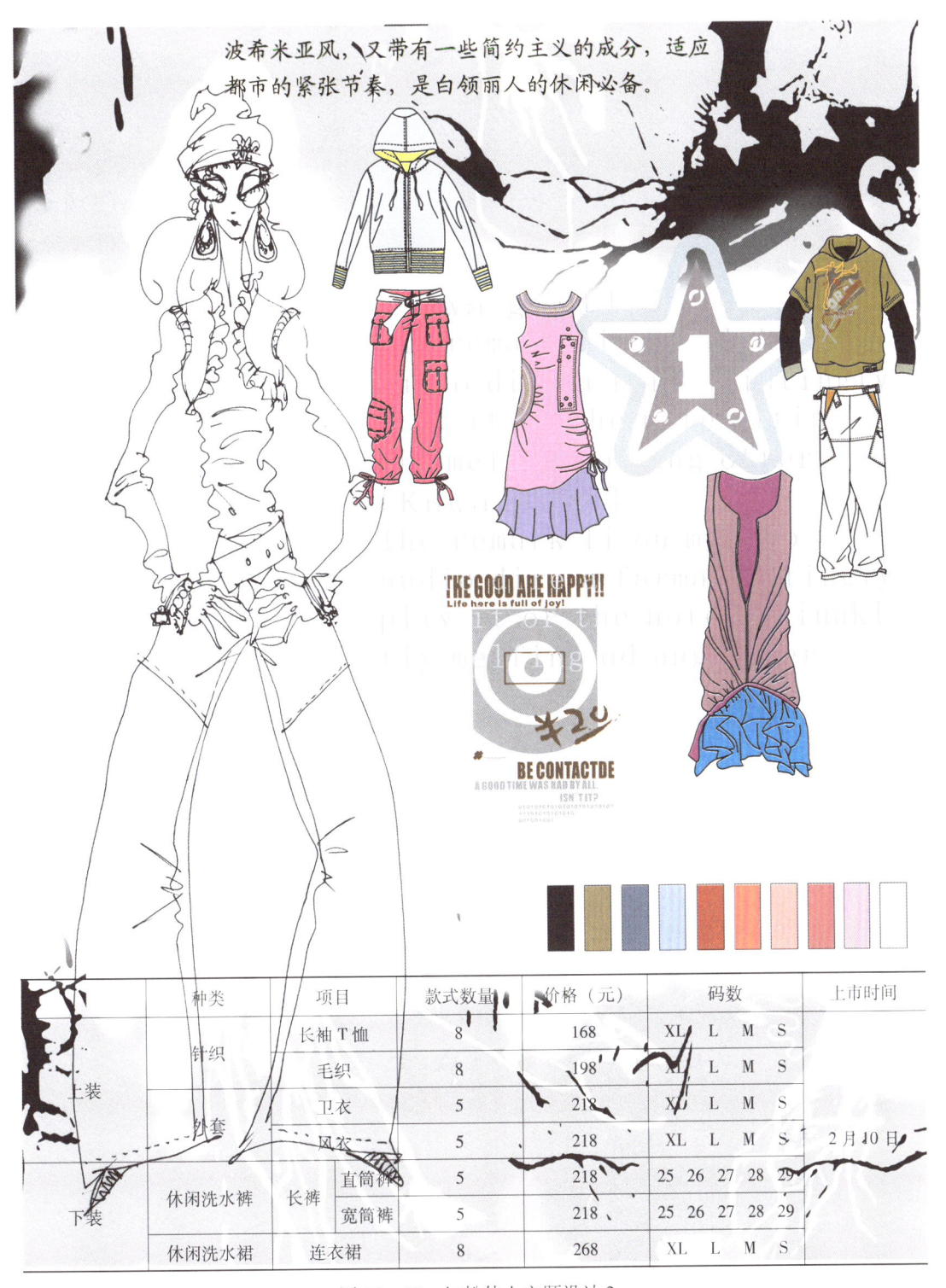

第十章 案例：休闲服装品牌——活力女孩

波希米亚风，又带有一些简约主义的成分，适应都市的紧张节奏，是白领丽人的休闲必备。

种类		项目	款式数量	价格（元）	码数	上市时间
上装	针织	长袖T恤	8	168	XL L M S	
		毛织	8	198	XL L M S	
	外套	卫衣	5	218	XL L M S	
		风衣	5	218	XL L M S	2月10日
下装	休闲洗水裤	直筒裤	5	218	25 26 27 28 29	
		宽筒裤	5	218	25 26 27 28 29	
	休闲洗水裙	连衣裙	8	268	XL L M S	

图10-10 红粉佳人主题设计2

二、梦幻迷园

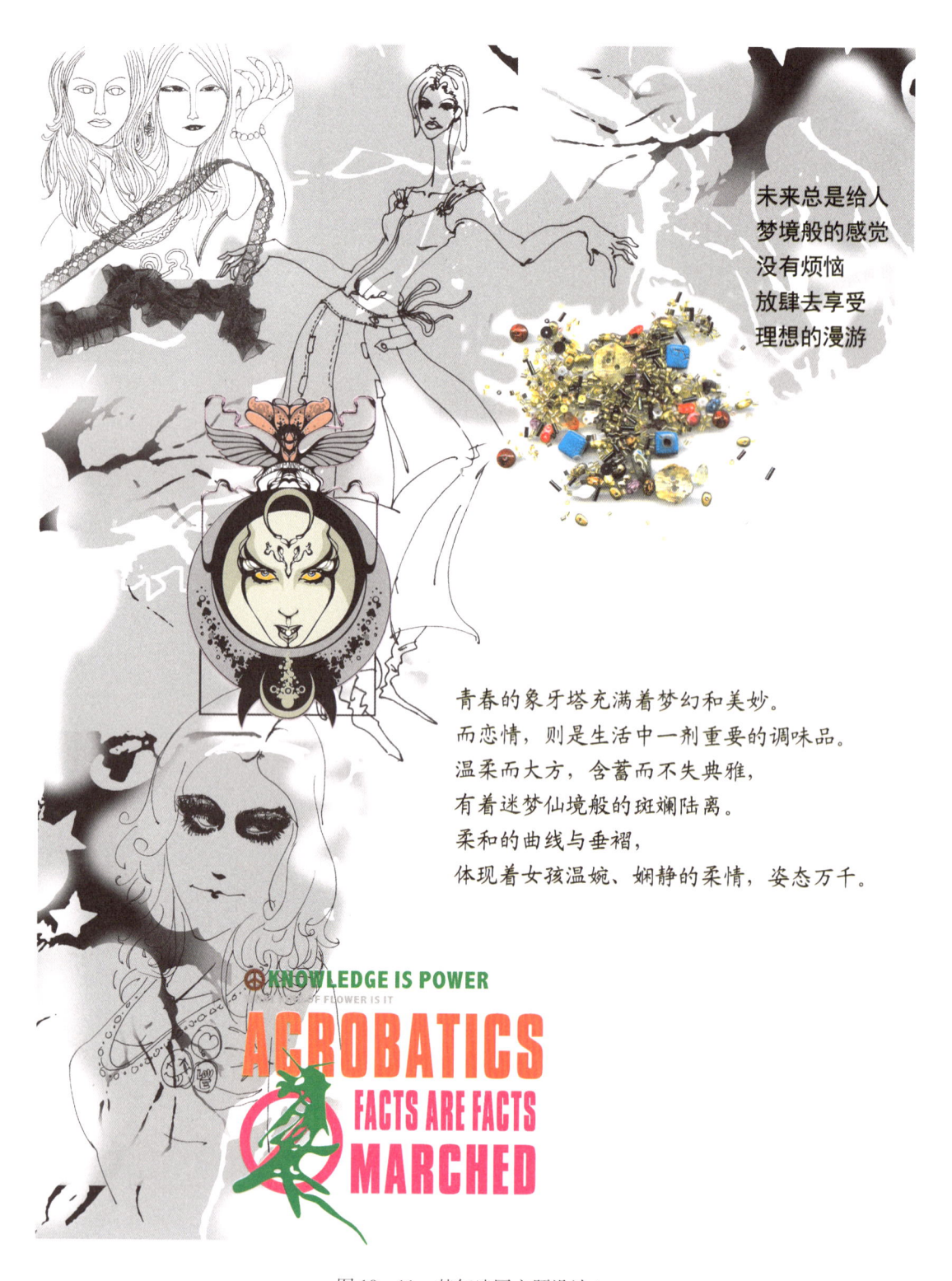

未来总是给人
梦境般的感觉
没有烦恼
放肆去享受
理想的漫游

青春的象牙塔充满着梦幻和美妙。
而恋情，则是生活中一剂重要的调味品。
温柔而大方，含蓄而不失典雅，
有着迷梦仙境般的斑斓陆离。
柔和的曲线与垂褶，
体现着女孩温婉、娴静的柔情，姿态万千。

图10-11　梦幻迷园主题设计1

东方灵动的特质，有水一般独有的温柔与清新。

	种类	项目	款式数量	价格（元）	码数				上市时间
上装	针织	长袖T恤	8	98	XL	L	M	S	
	机织	长袖衬衫	5	158	XL	L	M	S	
	外套	风衣卫衣	8	158	XL	L	M	S	3月10日
下装	休闲洗水裤	直筒裤	5	218	25	26 27 28		29	
		宽筒裤	5	218	25	26 27 28		29	
	休闲洗水裙	长裙	8	168	XL	L	M	S	

图 10-12　梦幻迷园主题设计 2

三、酸甜女生

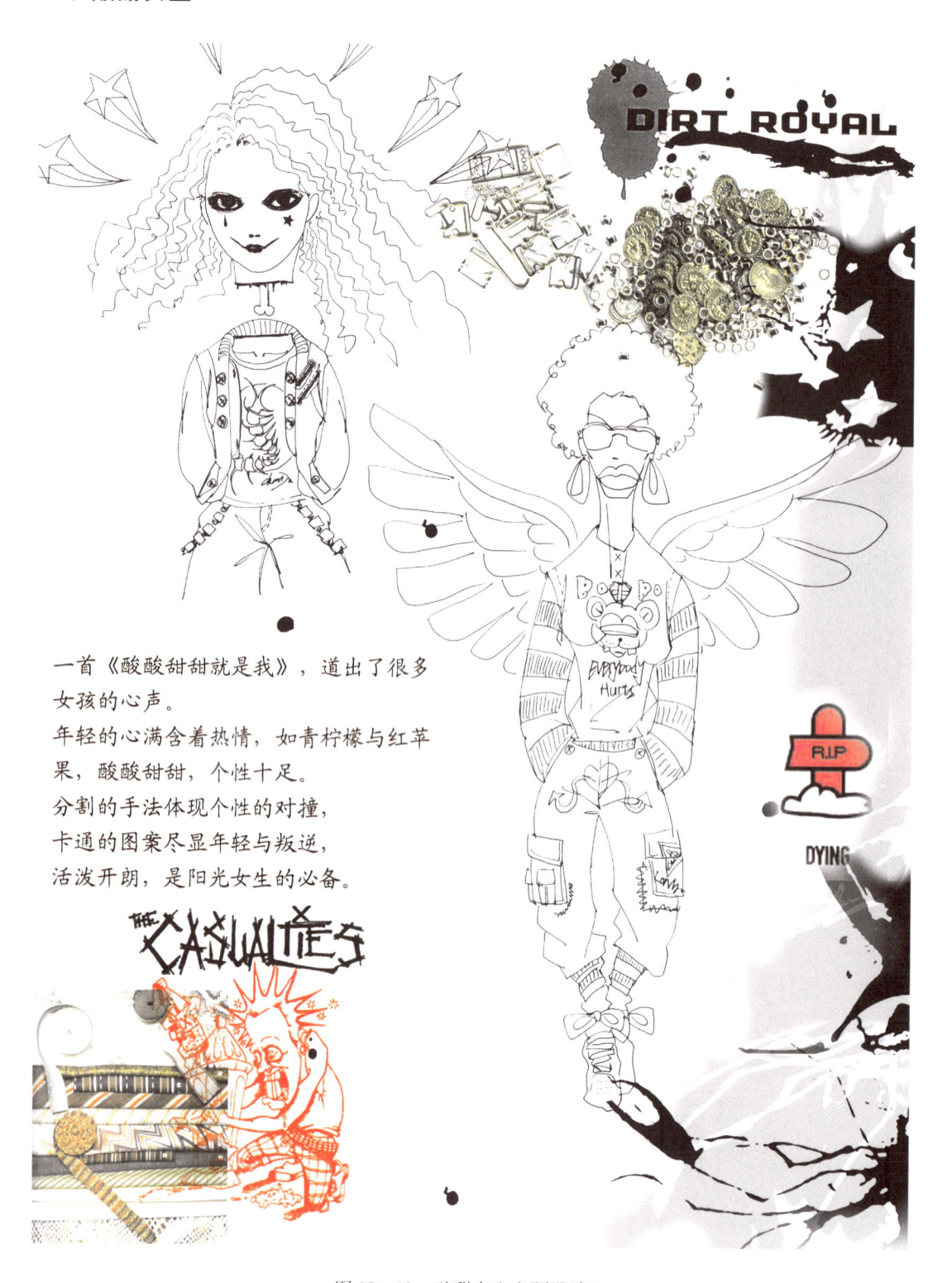

一首《酸酸甜甜就是我》，道出了很多女孩的心声。

年轻的心满含着热情，如青柠檬与红苹果，酸酸甜甜，个性十足。

分割的手法体现个性的对撞，

卡通的图案尽显年轻与叛逆，

活泼开朗，是阳光女生的必备。

图 10-13　酸甜女生主题设计 1

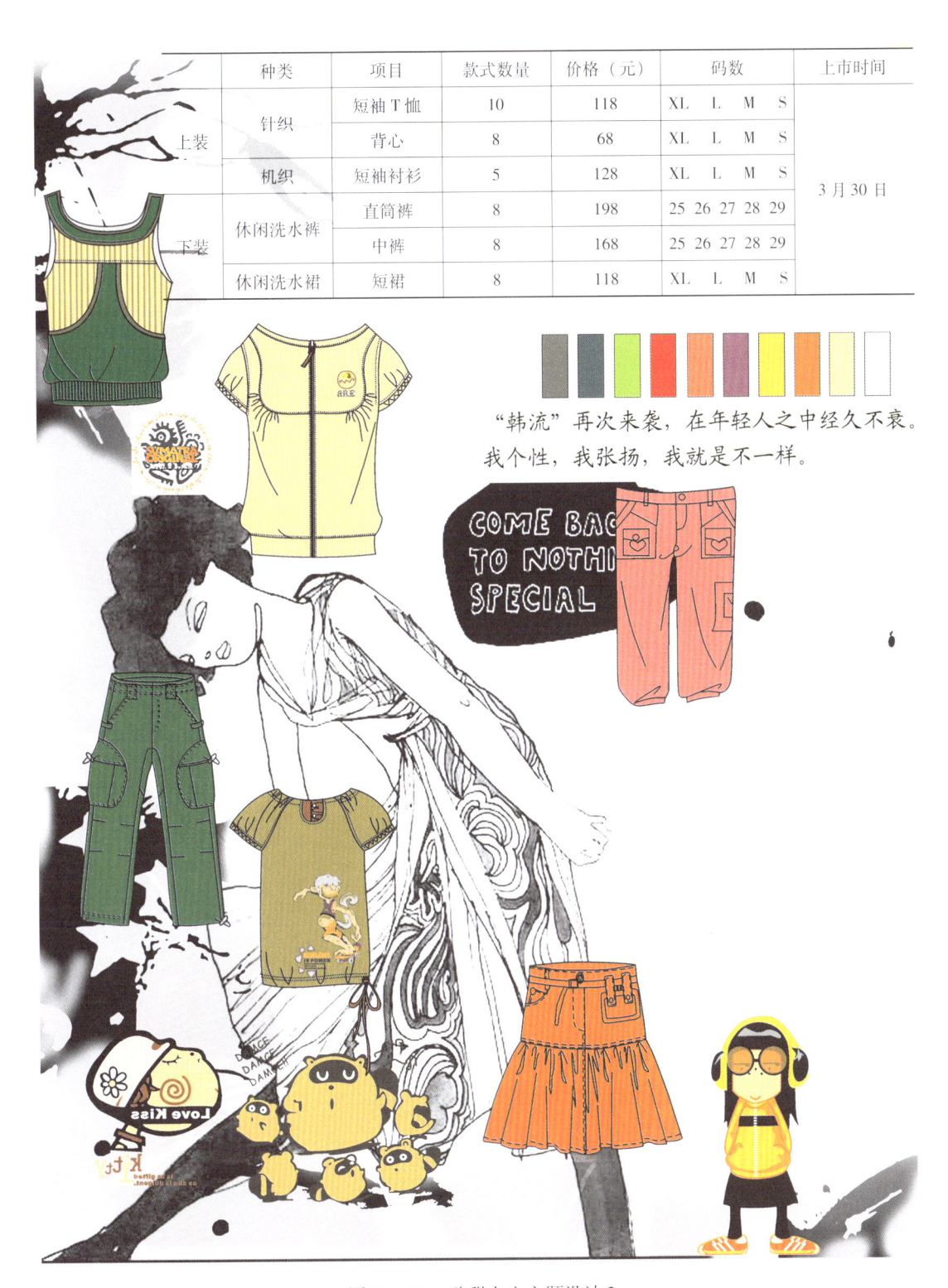

种类		项目	款式数量	价格（元）	码数	上市时间
上装	针织	短袖T恤	10	118	XL L M S	
		背心	8	68	XL L M S	
	机织	短袖衬衫	5	128	XL L M S	3月30日
下装	休闲洗水裤	直筒裤	8	198	25 26 27 28 29	
		中裤	8	168	25 26 27 28 29	
	休闲洗水裙	短裙	8	118	XL L M S	

"韩流"再次来袭，在年轻人之中经久不衰。我个性，我张扬，我就是不一样。

图10-14　酸甜女生主题设计2

四、夏日果园

夏日的清凉,水果的清新。
俏皮的夏日设计,简约而时尚,
突出一种童真的美丽,
是女孩子由幼稚走向成熟,
从学校渐入社会的起始阶段。
抽褶手法与丝带的运用,
则透着复古的气息,
是可爱女生的首选。

有时候会忽然忘掉世上的一切,
被夏日果园的树枝迷住。
我心驰神往,
似乎到了另一个世界,
虚无缥缈,
却又如此向往。

图 10-15　夏日果园主题设计 1

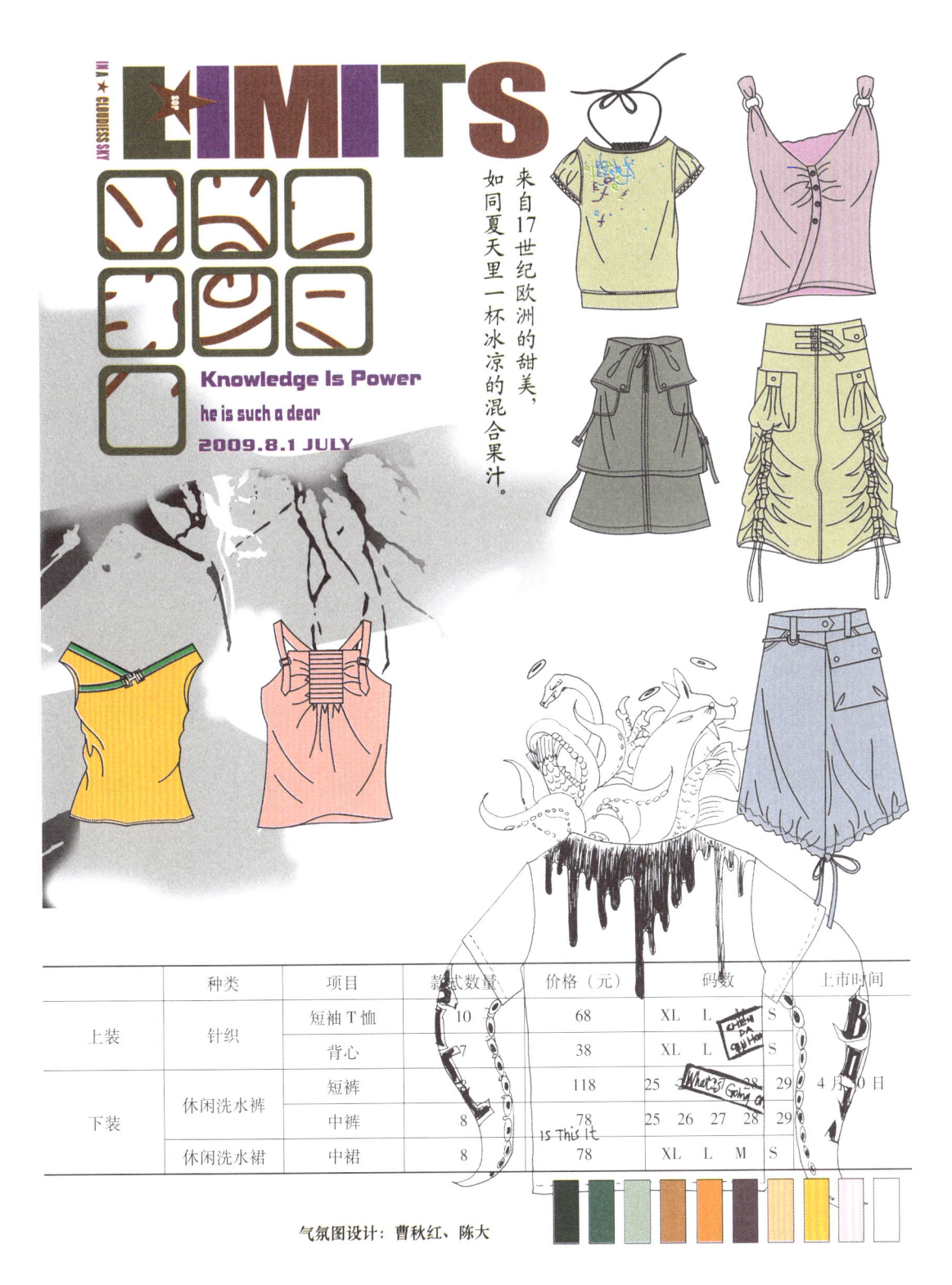

第十章 案例：休闲服装品牌——活力女孩 | 161

来自17世纪欧洲的甜美，如同夏天里一杯冰凉的混合果汁。

	种类	项目	款式数量	价格（元）	码数				上市时间
上装	针织	短袖T恤	10	68	XL	L		S	
		背心	7	38	XL	L		S	
下装	休闲洗水裤	短裤	8	118	25		28	29	4月10日
		中裤	8	78	25	26	27	28	29
	休闲洗水裙	中裙	8	78	XL	L	M	S	

气氛图设计：曹秋红、陈大

图 10-16 夏日果园主题设计 2

第四节　系列款式设计

一、红粉佳人

　　本系列产品中，上装注重肩部的细节变化，在多个款式中采用了连帽的形式，裙装以褶皱为线索，形成了浪漫的风格。长裤系列采用了装饰性斜角分割线和多袋的组合（图10-17、图10-18）。

图10-17　红粉佳人系列款式设计1

图 10-18 红粉佳人系列款式设计 2

二、梦幻迷园

本系列产品比第一系列产品时尚感更强。针织衫的线条更为柔和,并以大领口为款式特征。外套采用了今年流行的军装元素和宫廷元素,非常时髦。裙装将第一系列的褶皱进一步延伸,更加带有女性的浪漫。衬衫也采用了大量的褶皱,尽现宫廷气质(图10-19、图10-20)。

图 10-19 梦幻迷园系列款式设计 1

图 10-20 梦幻迷园系列款式设计 2

三、酸甜女生

本系列产品的无袖针织衫以饱满的大圆领为设计点，配以可爱的细节，非常青春亮丽。短裤和短裙也有节制地使用了部分褶皱，既延续了前两个系列的风格，又由于其可爱的长度而形成新的感觉。长裤继续使用装饰性分割线，但是已经转变为弧线了，中裤则在裤脚口上做文章，活泼、俏皮（图10-21、图10-22）。

图10-21 酸甜女生系列款式设计1

图 10-22 酸甜女生系列款式设计 2

四、夏日果园

本系列产品的吊带衫注重胸部的设计,并大胆进行分割,甚至出现了肩部不对称的设计,为盛夏的到来带来了热情。中裤上大胆的褶皱将热烈的情绪发挥到极致(图 10 – 23、图 10 – 24)。

图 10 – 23　夏日果园系列款式设计 1

图 10−24 夏日果园系列款式设计 2

第五节 系列图案设计

一、红粉佳人

红粉佳人系列图案带有欧洲风情的花纹,配以古典的字体,还有卡通气息浓厚的可爱图案,共同形成了一个浪漫有趣的图案系列(图10–25)。

图10–25 红粉佳人图案设计

二、梦幻迷园

梦幻迷园系列图案强调了梦幻色彩,展开的翅膀、心形的形状、卡通骷髅形象、玫瑰花等,都成为这个系列的视觉元素,创造了一个充满奇思妙想的世界(图10-26)。

图10-26 梦幻迷园图案设计

三、酸甜女生

酸甜女生系列图案在保留了前面几个系列的欧洲风格的同时，继续加入了可爱的元素，如可爱的字母、可爱的小动物、可爱的植物等，在夏日来临之际，打造出可爱的女生形象（图10-27）。

图10-27 酸甜女生图案设计

四、夏日果园

夏日果园系列图案延续了前面几个系列的欧洲浪漫风格，此外增加了涂鸦的幼稚文字，又增添了几分新奇的感觉（图10–28）。

图10–28　夏日果园图案设计

第六节 面料运用

面料对于每个品牌都是关键点,活力女孩品牌 2007 年的春夏装也不例外。本品牌一直是以全棉面料为主的休闲装,本季主要划分为:针织(单卫衣面料、竹节料、32's 单面、罗纹、针织条纹);机织(全棉水洗平纹、全工艺弹力乱纹提花、桃皮双线斜格、全棉印花)。

一、针织面料

1. 单卫衣面料(图 10-29)

图 10-29 单卫衣面料

2. 竹节料(图 10-30)

图 10-30 竹节料

3. 32's 单面(图 10-31)

图 10-31 32's 单面

4. 罗纹(图 10-32)

图 10-32 罗纹

5. 针织条纹（图10-33）

图10-33　针织条纹

二、机织面料

1. 全棉水洗平纹（图10-34）

图10-34　全棉水洗平纹

2. 全工艺弹力乱纹提花（图10-35）

图10-35　全工艺弹力乱纹提花

3. 桃皮双线斜格（图10-36）

图10-36　桃皮双线斜格

4. 全棉印花（图10-37）

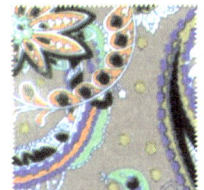

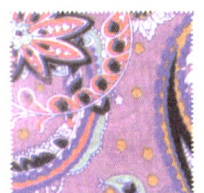

图10-37　全棉印花

第七节　局部设计元素

活力女孩品牌产于广东，在服装工艺处理上有着得天独厚的优势，如传统印花工艺不断研发的印花手法：胶印、平浆、立体浆、发泡浆、水浆等；绣花工艺有：凸绣、贴布绣、镂空绣、仿手工绣等。这些工艺提高了本品牌的设计手法，多种工艺的运用以及丰富的细节和局部的造型变化成了活力女孩的亮点。在款式上，活力女孩也紧跟着韩风不断地改进和提高设计能力，用独特的审美眼光和设计手法，赋予服装强烈的视觉效果，增加了产品附加值。

一、图案工艺元素（图10-38）

图10-38　图案工艺元素

二、上衣局部工艺元素

1. 腰节（图10-39）

图10-39　腰节工艺元素

2. 口袋（图 10-40）

图 10-40　上衣口袋工艺元素

3. 领口（图 10-41）

图 10-41　领口工艺元素

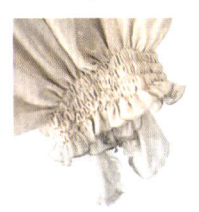

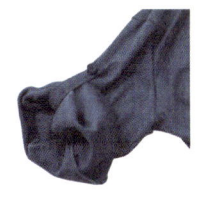

4. 袖口（图 10-42）

图 10-42　袖口工艺元素

5. 袖肥（图 10-43）

图 10-43　袖肥工艺元素

三、下装局部工艺元素

1. 口袋（图 10-44）

图 10-44　下装口袋工艺元素

2. 裤脚（图 10-45）

图 10-45　裤脚工艺元素

第八节　辅料选择

辅料是重要的装饰细节，每种辅料都应选择与本品牌风格一致的品种，活力女孩的纽扣系列就选择了带有欧洲浪漫风格的系列产品；织带系列则选择了甜美的花卉系列；珠片系列突出了宫廷风格；拉链系列注重色彩的选择和局部工艺的新颖性；花边系列则选择了细致、精巧、浪漫的品种；徽章系列带来了硬朗的中性风格和古典气息。所有这些辅料组成一种混合了欧洲风情、宫廷浪漫情怀和古典气息的风格，与休闲的款式搭配在一起，为休闲风格带来新的时尚气息。

一、纽扣（图 10-46）

图 10-46　纽扣

二、织带（图 10-47）

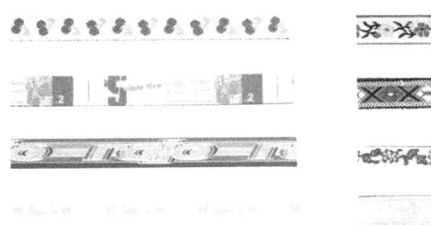

图 10-47　织带

三、珠片（图 10-48）

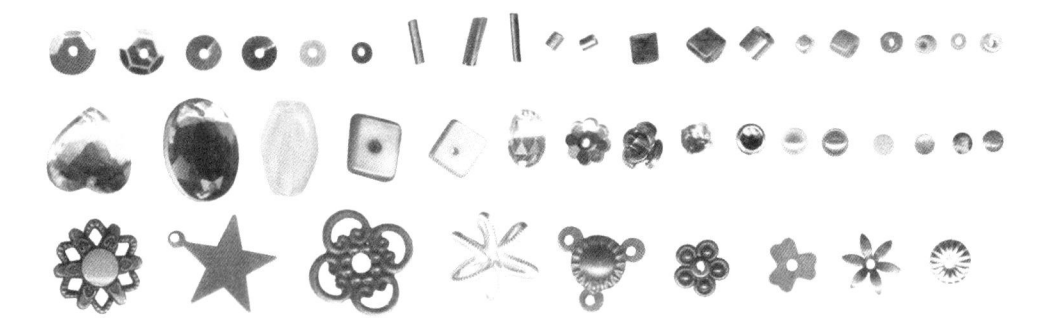

图 10-48　珠片

四、拉链（图 10-49）

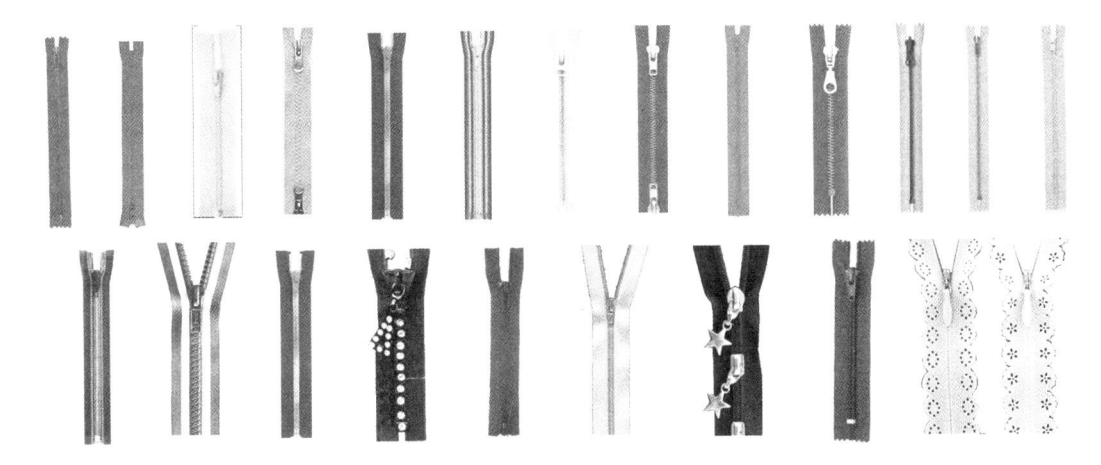

图 10-49　拉链

五、花边（图 10-50）

图 10-50　花边

六、徽章（图 10-51）

图 10-51　徽章

第九节　服饰配件设计

　　服饰配件设计，注重整体的搭配效果。选择了充满活力和运动感的鞋、包、帽子、手套、袜子、腰带和围巾，这些产品略带有可爱的气息，尤其是手套、袜子、腰带，在图案和色彩上做文章，采用今年流行的黑白色调和圆点风格图案，可以搭配活力女孩的四大系列各个色系的服装产品。

第十章 案例：休闲服装品牌——活力女孩 | 181

一、鞋（图10-52）

图 10-52 鞋

二、包（图10-53）

图 10-53 包

三、帽子（图10-54）

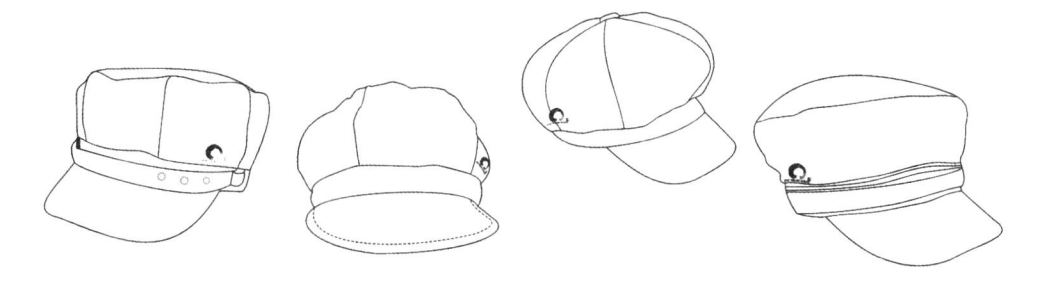

图 10-54 帽子

四、手套(图 10-55)

图 10-55　手套

五、袜子(图 10-56)

图 10-56　袜子

六、腰带(图 10-57)

图 10-57　腰带

七、围巾（图 10-58）

图 10-58　围巾

第十节　品牌 VI 设计（产品包装推广部分）

VI 是企业视觉识别（Visual Identity）的简称。

活力女孩 VI 设计体系，通过理性的设计手法，将其多方位的形象识别贯穿于企业内部管理与外部经营的全过程，从而建立起品牌的整体形象，以强化企业文化意识和凝聚力，实现企业朝现代化、国际化方向健康持续发展的品牌战略。

《活力女孩视觉识别系统管理手册》的解释权和修改权归属活力女孩品牌。企业内部及员工必须严格遵守本手册所刊载的各项规范，自觉维护本企业的形象。

一、品牌标志（图 10-59）

（一）活力女孩标志释义

标志以一个女生戒指的环形为原形，简洁的形式含纳了服装的类型及风格。环形形状通过揿酌，融入了女孩的侧面结构的概念，增强了标志的整体性，直观、易于识别，也体现了形象的亲和力。

（二）本标志图形表达了人性化的概念

标志图案造型紧扣"个性、自由"的理念，塑造出休闲服饰品牌中新颖的视觉形象；

通过简洁的弧线造型，自然的渐变过渡，体现整体的自在性，反映出新生代女孩对待生活的个性追求及时尚的自由风格。

（三）标准文字

标准文字是特定的、明确的、统一的字体造型，具有明确的说明性，并与标志一起构成商标。活力女孩的字体设计、造型与图形标志说明呼应，赋予时代的气息。应用设计项目中均须遵守严格的规范，不得误用或随意更改，以避免不良的负面效果。

圆形标志　　　　　　中文标准字

标志与中文组合　　　标志与英文组合

标志与中英文标准组合

英文标准字

图 10-59　品牌标志

二、产品包装设计

产品包装设计包括面料成分标牌（图 10-60）、吊牌（图 10-61）、手提袋（图 10-62）、封箱胶带（图 10-63）、包装盒（图 10-64）等。

(一) 面料成分标牌

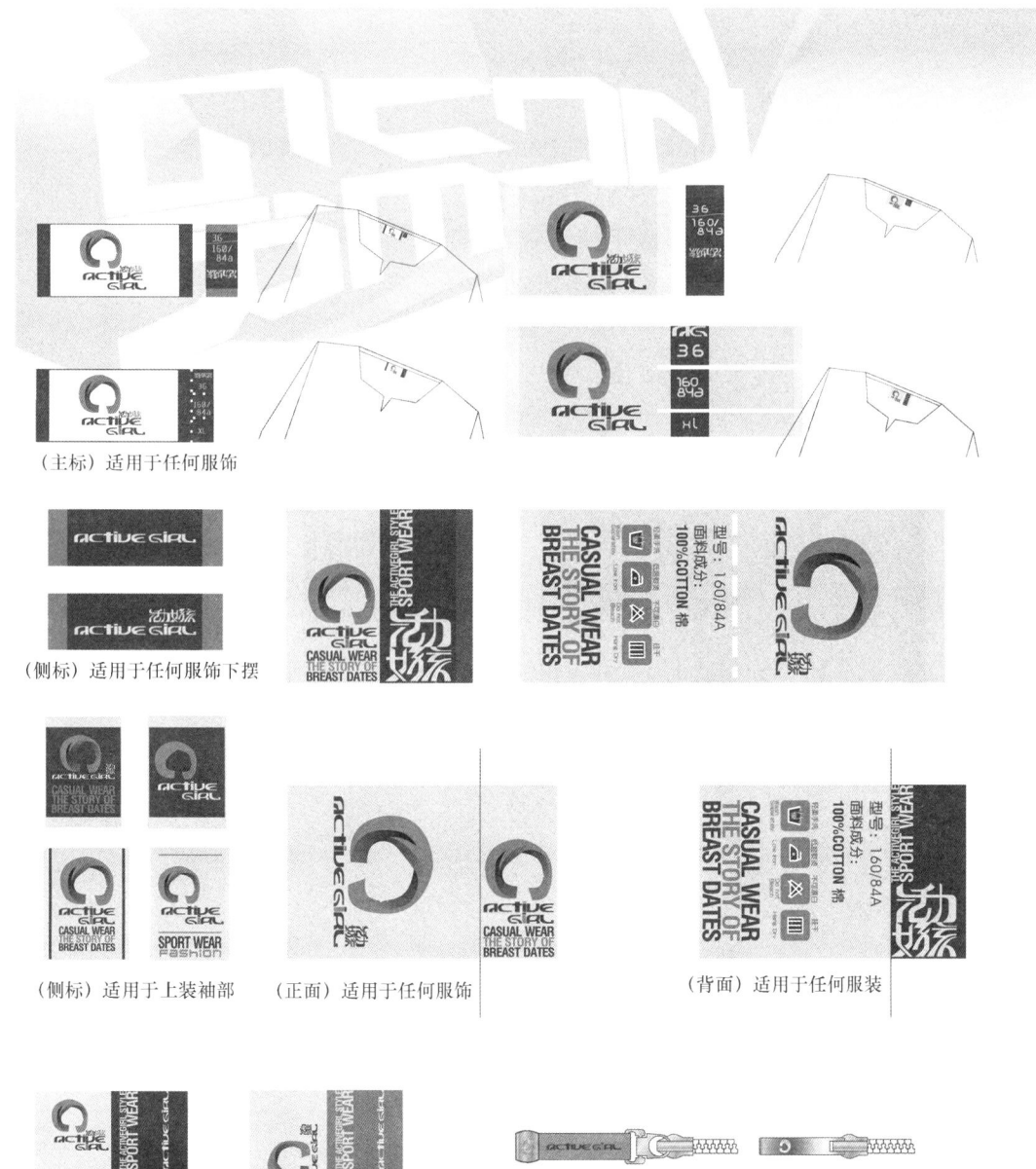

(主标) 适用于任何服饰

(侧标) 适用于任何服饰下摆

(侧标) 适用于上装袖部　　(正面) 适用于任何服饰　　(背面) 适用于任何服装

(春夏)　　(秋冬)　　logo在拉链上的应用

(侧标) 适用于下装

适用于裤牌

图 10-60　面料成分标牌

（二）吊牌

吊牌正面　　吊牌背面　　价格牌正面　　价格牌背面

吊牌正面　吊牌背面　帆布牌正面　帆布牌背面　帆布牌正面　帆布牌背面　价格牌正面　价格牌背面

适用于任何服装

VIP（正面）　　VIP（背面）

春夏　　　　　　　　　　　　春夏

吊牌正面　吊牌正面　吊牌背面　　　吊牌正面　吊牌正面　吊牌背面

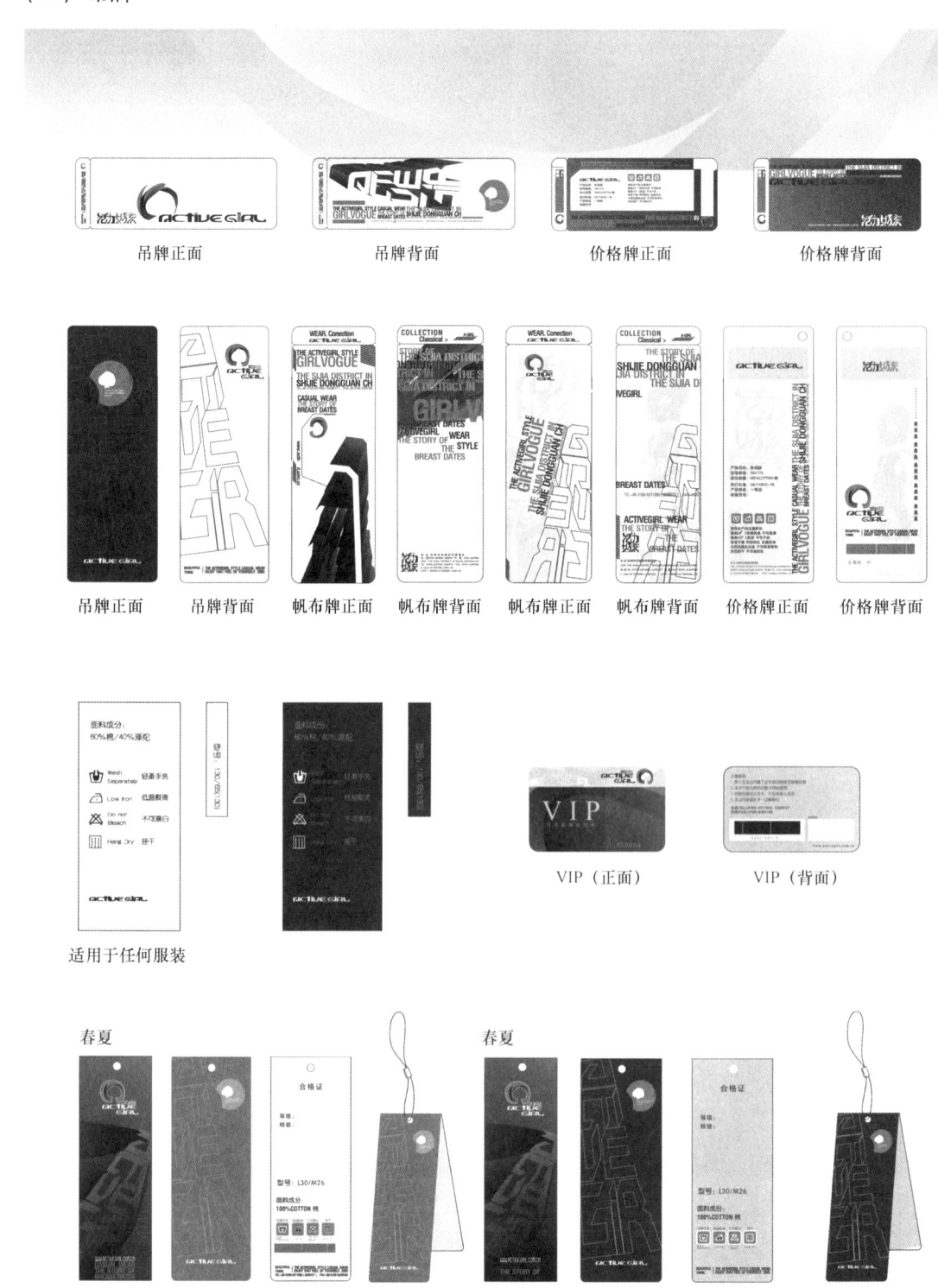

图 10-61　吊牌

（三）手提袋

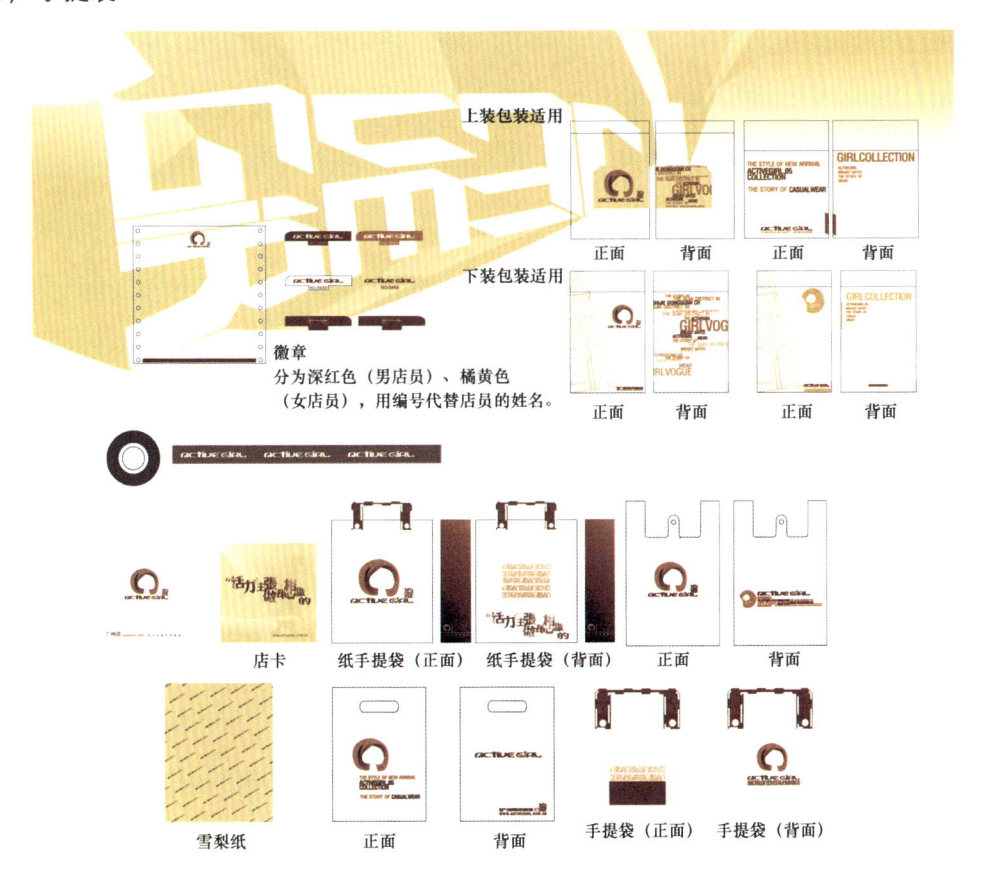

图 10-62　手提袋

（四）封箱胶带

图 10-63　封箱胶带

（五）包装盒

图 10-64　包装盒

三、广告设计

（一）卖场门楣（图 10-65）

卖场是品牌与顾客端接触的场所，是品牌综合形象展现的集合，卖场的整体风格是品牌精神的象征。卖场门楣设计统一、规范是品牌在各地保持形象统一的重要准则。

（二）报纸广告（图 10-65）

报纸的广告内容杂乱，为了保持品牌形象，报纸广告设计版面需规范，保持统一的格式。

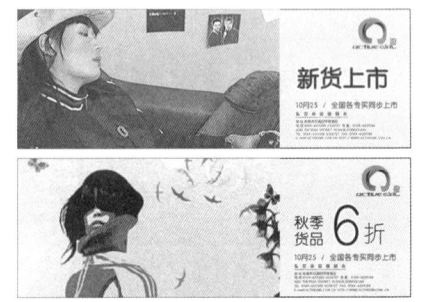

（三）卖场喷绘（图 10-65）

卖场将依据卖场面积的不同设定不同规格的当季宣传喷绘图案（logo 及中、英文要素必须具备）。

卖场门楣

报纸广告

卖场喷绘

图 10-65　卖场门楣、报纸广告和卖场喷绘设计

(四）候车亭广告（图 10-66）

候车亭是人们日常接触的地方，画面的选择需具备冲击力，才能有效产生品牌记忆。最好能横竖两个版面同时发布，加强整体形象。

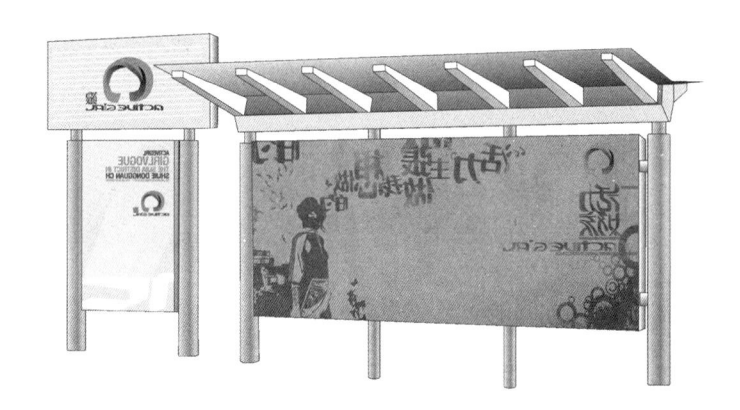

图 10-66　候车亭广告设计

(五）路牌广告（图 10-67）

路牌广告的接触仅是几秒钟的时间，品牌 logo 需醒目。

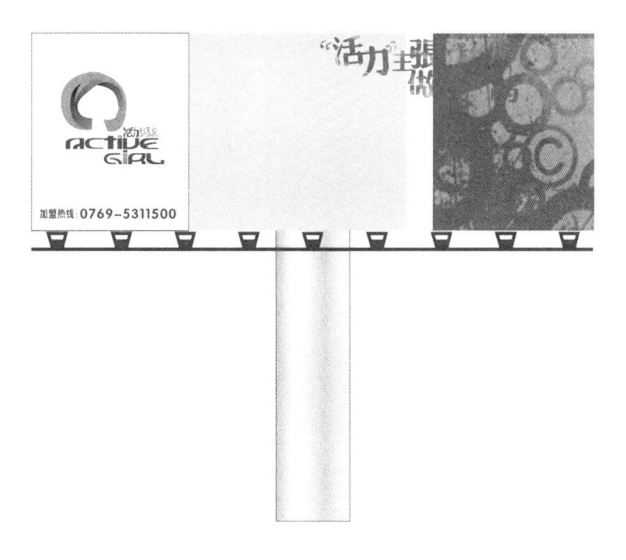

图 10-67　路牌广告设计

(六）霓虹灯广告（图 10-68）

霓虹灯广告具有动态传播的优势，发挥其优点，加强视觉冲击力。

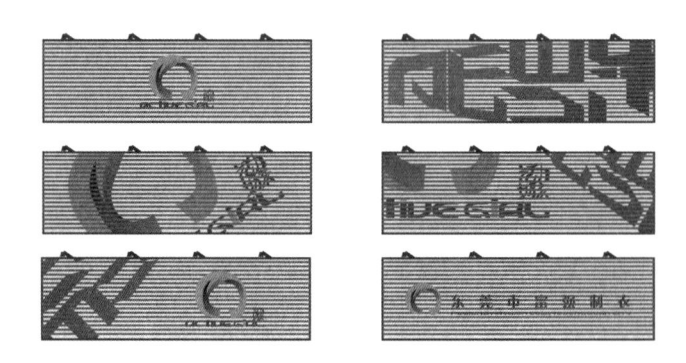

图 10-68　霓虹灯广告设计

（七）电视广告（图 10-69）

电视广告时间短、速度快，广告语和品牌 logo 一定要出现，以加强记忆。

图 10-69　电视广告设计

附录

国内外部分重要时尚刊物

杂志封面(2006~2007)	简 介	
专业性刊物	此类刊物图片丰富	
第一类	时装类（女装、男装）	
	名称	女装选萃·礼服版（Collezioni Donna H.C.）
	出版国家	意大利（英文）
	内容简介	汇集米兰、巴黎、纽约、伦敦等时装名都各大品牌时装发布会的照片及服装最新趋势、动态
	发行周期	2期/年—3、9月出版
	名称	男装选萃（Collezioni Uomo）
	出版国家	意大利（英文）
	内容简介	按地域划分的男装发布会图片集锦，每本集中展示1~2个时装之都的各品牌发布会图片，图片清晰，配有文字简介，关于配饰搭配也有整版介绍，全年四期，提前半年预测下季男装趋势
	发行周期	4期/年—1、4、6、9月出版
	名称	女装（Book Moda）
	出版国家	意大利（英文）
	内容简介	全年6期，4期成衣，2期礼服；采集各个品牌最新时装发布会信息，快速对下一季女装流行趋势进行预测，是个实用性较强的系列杂志
	发行周期	6期/年—3、4、5、9、11、12月出版
	名称	男装（Book Moda Uomo）
	出版国家	意大利（英文）
	内容简介	最新时装及成衣发布会图片集锦，服装/服饰/配饰/宣传图片，由意大利著名时尚机构SASS出版，品质精良，全年2期；采集各个品牌最新时装发布会信息，快速对下一季男装流行趋势进行预测，是个实用性较强的系列杂志
	发行周期	2期/年—3、9月出版

续表

杂志封面 （2006～2007）	简 介		
	名称	女装集锦（Collections Women）	
	出版国家	日本	
	内容简介	时装发布会图片集：它提前半年预测下一季的流行趋势，成衣展的图片集把6个时装名城的时装发布会，根据不同国家分集刊登，平均每本集中展示1~2个时装之都所有发布会的图片；礼服展的图片集把每位设计师或品牌设独立篇幅，印刷精美，该书8开版面，图片极多，风格全面；除服装外，面料、配饰的小细节也非常详细，它就像一部无声的DV，全程记录所有最新的时装发布会	
	发行周期	8期/年，4月、11月各3本，是成衣展的图片集，5月、12月每月各1本是礼服展的图片集	
	名称	男装集锦（Collections Men）	
	出版国家	日本	
	内容简介	将巴黎、米兰和佛罗伦萨等地的最新男装发布会根据不同国家分集刊登，每位设计师或品牌设独立篇幅，印刷精美，提前半年预测下一季的流行趋势；该书8开版面，图片极多、风格全面，大幅图片让面料饰品等细节一览无遗，是发布会图片大全	
	发行周期	4期/年—3、4、9、10月出版	
专业性刊物	此类刊物图片丰富		
	名称	女装设计（Collezioni Donna）	
	出版国家	中国（中文）	
	内容简介	Collezioni Donna的完整中英文对照版，更适合国内客户阅读，6期成衣，报道宽泛，从各个品牌的最新时装发布会到世界各地举办的种种展览都有所涉及，成衣、面料，还有异域风味的饰品，让人应接不暇，所以在解读专业的内涵之余，时尚的品位也无处不在	
	发行周期	8期/年—3、4、5、6、9、10、11、12月出版	
第二类	休闲、运动便装与针织服装		
	名称	运动与街头时尚（Sport & Street Collezioni）	
	出版国家	意大利（英文）	
	内容简介	阐释新时代在服饰和生活模式上的演进，从世界各地的街头服装文化至国际知名品牌在T形台上的设计都一一尽览，翔实展示街头服和休闲服的流行趋势	
	发行周期	4期/年—1、4、6、11月出版	
	名称	艺术与时装（WeAr）	
	出版国家	德国（中文）	
	内容简介	艺术与时装的汇总，全书展示休闲装趋势与店面设计的佳作，绝不赘述的文字说明加大量真实图片信息，来自世界各地的时装集锦、品牌专卖店以及市场信息尽揽其中	
	发行周期	4期/年—1、3、6、10月出版	

续表

杂志封面 (2006~2007)	简 介	
	名称	运动装、街头装（设计手稿）（Promostyl – Sport & Street）
	出版国家	法国（英文）
	内容简介	休闲服装流行趋势
	发行周期	2期/年—1、7月出版
	名称	运动T恤（设计手稿）（T – Shirt Sportswear）
	出版国家	意大利（英文）
	内容简介	意大利针织T恤手稿书，分几个主题预测流行色、款式，并附有面料实样、花型设计、织物趋势以及原料趋势
	发行周期	2期/年—1、7月出版
	名称	女装针织趋势（Women's Knitwear）
	出版国家	法国
	内容简介	女装针织流行趋势预测
	发行周期	2期/年—2、9月出版
	名称	趋势手稿——女装毛衫（Fashion Box——Women's Knitwear）
	出版国家	意大利
	内容简介	按流行主题配有基本流行色色块，设计带有显著的青春气息，如利用针织花型图案等
	发行周期	2期/年—2、7月出版
	名称	趋势手稿——男装毛衫（Fashion Box——Men's Knitwear）
	出版国家	意大利
	内容简介	按流行主题配有基本流行色色块，设计带有显著的青春气息，如利用针织花型图案等
	发行周期	2期/年—6、12月出版
专业性刊物	此类刊物图片丰富	
	名称	针织毛织趋势预测（Maille Maille）
	出版国家	日本
	内容简介	该领域首屈一指的专业刊物，分类介绍国际设计大师最新设计的毛衫款式（近1000幅图片），在此基础上进行变化，并从纱线、流行色、面料、款式、细部设计、尺码等方面进行超前预测
第三类	发行周期	2期/年—4、10月出版　　　　童装
	名称	儿童时装（Moda Bimbi）
	出版国家	意大利（英文）
	内容简介	印刷精美，多为整版图片，童装和幼童服图片荟萃，还包括童鞋、童车和儿童家具等内容
	发行周期	4期/年—1、3、7、10月出版

续表

杂志封面（2006~2007）	简介	
	名称	童装荟萃（*Collezioni Bambini*）
	出版国家	意大利（英文）
	内容简介	为4~14岁童服潮流提供全面、专业的资料，介绍意大利、法国、西班牙和德国的最新潮流动向，2000多幅童装照片，给童装生产商的设计和产品开发提供趋势指导
	发行周期	2期/年—1、6月出版
	名称	童装流行预测（0~12岁）（*Collezioni Preview 0/12*）
	出版国家	意大利（英文）
	内容简介	0~12岁童装款式预测，提前18个月预测；主要分运动、街头和户外装这三个主题，包括色彩、面料、配饰和细节处理、印花刺绣等
	发行周期	2期/年—6、12月出版
	名称	流行童装（*Ninsmoda*）
	出版国家	西班牙（英文）
	内容简介	国际童装趋势，含大量发布会图片和品牌广告
	发行周期	4期/年—1、4、7、11月出版
	名称	童装（*Divos*）
	出版国家	西班牙（英文）
	内容简介	国际知名童装品牌发布会图片集，以及展会、交易会、行业动态报道
	发行周期	2期/年—1、7月出版
	名称	婴童装设计手稿（0~1岁）（Mudpie – Cutiepie）
	出版国家	英国（英文）
	内容简介	本刊专门针对小婴儿全套服装的市场，集合各种对婴儿服装童趣的图案搭配和印花的设计。分12个主题讲述，给忙碌的设计师和童装从业人员充足的设计思路
	发行周期	2期/年—6、12月出版
	名称	童装设计手稿（1~5岁）（Mudpie – Cutiepie）
	出版国家	英国（英文）
	内容简介	汇集针对学龄前儿童的创意而实用的款式设计，根据学龄前儿童好动的个性，设计带有活泼的图标和新颖的印花图案的功能性服装，并注有一些细部的解释
	发行周期	2期/年—6、12月出版
专业性刊物	此类刊物图片丰富	
	名称	童装设计手稿（5~10岁）（Mudpie – Cutiepie）
	出版国家	英国（英文）
	内容简介	5~10岁儿童服装的趋势预测期刊，提供不同童装专家对流行趋势、服装款式和各具特色的季度流行主题的预测
	发行周期	2期/年—6、12月出版

续表

杂志封面 (2006~2007)		简　介
第四类		内衣、婚纱等
	名称	内衣（*Sous*）
	出版国家	德国（英文）
	内容简介	内衣具有突出女性内在美的特征，本书就从家居、泳装、内衣几方面展现女性内衣在不同环境下的应用，并附以文字说明
	发行周期	4 期/年—2、5、8、10 出版
	名称	婚纱荟萃（*Collezioni Sposa*）
	出版国家	意大利（英文）
	内容简介	婚纱图片集锦
	发行周期	2 期/年—5、12 月出版
第五类		纺　织　品
	名称	纺织品导报（*Textile Repot*）
	出版国家	法国（法文）
	内容简介	来自 PV 展和 Expofil 展会的第一手纺织、服装的趋势信息，包括女装以及款式、色彩、面料、印花趋势和展会报道
	发行周期	4 期/年—1、3、6、9 月出版
	名称	纺织品趋势（*Collezioni Trends*）
	出版国家	意大利（英文）
	内容简介	报道国际纱线和面料趋势，包括趋势主题、灵感图、色彩和织物趋势、展会报道和来自趋势发布会、国际纤维制造商、织造商、印染商和贸易商的新闻动态
	发行周期	4 期/年—2、3、7、9 月出版
	名称	纺织品（*Zoom On Fashion Trends*）
	出版国家	意大利（英文）
	内容简介	纺织品流行趋势
	发行周期	4 期/年—3、6、9、12 月出版
	名称	流行生活方式（*Viewpoint*）
	出版国家	德国（英文）
	内容简介	纺织品趋势
	发行周期	2 期/年—3、9 月出版
	名称	纺织品趋势（*View Textile*）
	出版国家	荷兰（英文）
	内容简介	解释色彩趋势在其他各行业的应用和影响，包括：服装、面料、工业设计、美术设计、包装设计、化妆品、汽车以及美食等
	发行周期	4 期/年—3、6、10、12 月出版

续表

杂志封面 (2006~2007)	简 介				
专业性刊物	此类刊物图片丰富				
	名称	国际纺织品（International Textiles）			
	出版国家	英国（英文）			
	内容简介	国际纺织品流行趋势			
	发行周期	6期/年—3、4、6、9、11、12月出版			
	名称	国际纺织品流行趋势（View International Fashion & Fabrics）			
	出版国家	中国大陆（中文）			
	内容简介	《国际纺织品流行趋势》是纺织服装类专业杂志，也是目前国内唯一一本系统提供从流行色、纱线、面料、辅料到时装和纺织品设计以至市场营销等全方位流行资讯的杂志，被评为"中国最具影响力的专业媒体"，目前已形成了以男装、女装、运动休闲装等终端消费需求进行大栏目划分的形式，每个栏目涵盖成衣设计、色彩预测、款式预测等分栏目，辅以相关的色彩、产品、技术、营销等综合信息，为读者提供切实有用的专业资讯			
	发行周期	4期/年—3、6、9、12月出版			
专业报纸	WWD 每日妇女日报	美国	国际最权威时尚资讯	1期/日	
	服装时报	中国	最新时尚资讯和行业信息	1期/周	
	中国服饰报	中国	最新时尚资讯和行业信息	1期/周	
	中国纺织报	中国	纺织服装行业动态及专业信息	5期/周	

参考文献

[1] 尹定邦．设计学概论［M］．长沙：湖南科学技术出版社，2001．

[2] Philip Kotler，Gary Armstrong．市场营销原理［M］．9版．赵平，王霞，等译．北京：清华大学出版社，2003：11，133．

[3] 艾·里斯，杰克·特劳特．定位［M］．王恩冕，等译．北京：中国财政经济出版社，2002．

[4] 哈罗德·孔茨，海因茨·韦里克．管理学：国际化与领导力的视角［M］．马春光，译．9版．北京：中国人民大学出版社，2013．

[5] 菲利普·科特勒，凯文·莱恩·凯勒．营销管理［M］．14版．北京：中国人民大学出版社，2016．

[6] 刘元风，胡月．服装艺术设计［M］．北京：中国纺织出版社，2006．

[7] 袁仄．时空交汇——传统与发展［M］．北京：中国纺织出版社，2001．

[8] 罗兰·巴特．流行体系——符号学与服饰符码［M］．敖军，译．上海：上海人民出版社，2011.6．

[9] PERNA R．流行预测［M］．李宏伟，王倩梅，洪瑞璘，译．北京：中国纺织出版社，2000．

[10] 林松涛．成衣设计［M］．北京：中国纺织出版社，2005．

[11] 田运．思维辞典［M］．杭州：浙江教育出版社，1996．

[12] 袁仄．时尚推动力——新奇与怪诞［M］．北京：中国纺织出版社，2001．

[13] 柳泽元子．从灵感到贸易——时装设计师与品牌运作［M］．李当岐，译．北京：中国纺织出版社，2000．

[14] FRANKIE 谢．时尚之旅［M］．北京：中国纺织出版社，2004．

[15] 刘晓刚．品牌服装设计［M］．上海：东华大学出版社，2006．

[16] E.H.贡布里希．秩序感——装饰艺术的心理学研究［M］．范景中，杨思梁，徐一维，译．长沙：湖南科学技术出版社，1999．

[17] 陈小清．色彩构成与设计［M］．广州：广东科技出版社，1996．

[18] 贾京生．服饰色彩［M］．北京：高等教育出版社，2004．

[19] 沈祝华，米海妹．设计过程与方法［M］．济南：山东美术出版社，1995．

[20] 胡心怡．设计插图［M］．南昌：江西美术出版社，2006．

[21] 丁耀．核心图形及其系统生成方式探析［J］．鸡西大学学报，2011，12（11）：150-151．

［22］韩柏格，陈丹. 川久保玲品牌PLAY产品线的"图案识别"策略分析［J］. 美术大观，2013（03）：098-099.

［23］凌继尧，徐恒醇. 艺术设计学［M］. 上海：上海人民出版社，2000.

［24］章义伟. 让订货会更专业［J］. 中国服饰，2010（07）：68-69.

［25］张军. 服装这样卖才赚钱［M］. 北京：中国纺织出版社，2010.

［26］Jay，Euen Diamond. 时装广告与促销［M］. 《时装广告与促销》翻译组，译. 董清松，郑群，审校. 北京：中国纺织出版社，1998.

［27］杨仁敏，李巍. CI设计［M］. 成都：西南师范大学出版社，1999.